上司1年生の教科書

自分の頭で考えて動く部下の育て方

篠原信

文響社

自分の頭で考えて動く部下の育て方

上司1年生の教科書

はじめに

本書は、上司になりたての方や上司をやっている中で困っている方、あるいはこれから上司になる方に向け、まずは考え方の基本の「型」となる「教科書」を提供できたらという願いから企画されたものだ。

産業能率大学が実施した最新の「上場企業の課長に関する実態調査（＊1）」によれば、課長の最大の悩みが「部下がなかなか育たない」だという。

同じ調査で最終的になりたい立場を尋ねたところ、「プレーヤーの立場に戻る」が過去の調査中最多の数字に達したという。

そんな社会状況もあるからか最近、

「近頃の新人は指示待ち人間ばかりだ」

「自分の頭で考えたり動こうとしたりする意思をちっとも感じない」

と嘆く声をよく耳にするようになった。

「結局、優秀な人間なんて一握りなんだよ」

「自分の頭で考え、行動できる人間というのは、そもそもそういう素質を持って生まれないとダメなんだよ」

そんな声も聞こえてくる。

「ねえ、シノハラさん？」

相槌《あいづち》を求められると、私はいつも複雑な気持ちになる。「うーん、私は指示待ち人間のほうだよなあ……」、自分がちっとも優秀と思えない私は、自分がこき下ろされているような気がして、なんと答えたものか分からなくなるのだ。


ただ、相槌を求められた理由もなんとなくは分かる気がする。専門的なことを言っても仕方ないからここでは省略するが、私は幸運なことに世界中の研究者からそれまで不可能だと考えられていた課題を解決できた。だからどうやら、同意を求めてくる人は、私のことを優秀な人間だと思い込んでいるようである。

しかしそれは勘違いだと言わなければならない。私は上司の寛容《かんよう》で適切な導きのおかげで、仕事ができただけだからだ。上司が違えば、私は業績を挙げられなかったに違いない。そして、私は見事な指示待ち人間になっていたことだろう。

もうひとつ、簡単にうなずきにくい理由がある。不思議なことに私の研究室には指示待ち人間は一人もいないのだ。パートの女性たちも他の研究室がうらやむほど優秀。9年連続で私のところに来た学生もことごとく自分の頭で考えて行動する。指示待ち、なんのこと？　という感じ。

多分私がテキパキ指示を出せない人間なので、そのうち周囲があきれて、自分の頭で考え出すからだろう。私は自分のことさえ心もとなく、パートの方に「今日、お客さんが来るんじゃなかったですか？」と念を押されて思い出すこともしばしば。スケジュール管理まで進んでやってもらっている。実に助かる。

周囲が指示待ち人間ばかりだ、とお嘆きの方は、おしなべて優秀な方ばかり。自分のことはもちろんきちんとできるし、スタッフや学生への指示も的確。文句なしに優秀。私なんて足元にも及ばない。なのに私の周りには自分の頭で考えるスタッフや学生ばかり。よくうらやましがられる。

そこでハタと気がついた。「指示待ち人間ばかりだ」と不満に思っている人は、下につく部下のことごとくがそうした人たちだと言う。しかし私のもとに来る人はことごとく自分の頭で考え、行動する人ばかりだ。ゼロか、百か。ちょっと確率が違いすぎる。

しかも、優れた人間が部下に来てくれない、と嘆いている人はみな、私より優秀。社会情勢も広く見渡し、優れた見識を持ち、明確なビジョンも持っている。仕事ぶりを聞いていると、部下への指示も的確。ズボラな私と比べて、なんと優れた上司だろう。

こうした矛盾に気づいた頃、仕事とは関係ないが、知人から子育ての悩みを打ち明けられた。いくら言って聞かせても子どもが勉強をしないのだと言う。叱った時はやるフリをするのだが、叱らないとやらない。もうどうしてよいのか分からない、といった話だった。

なぜ人は指示待ちになってしまうのだろう？　自分から意欲を持ち、自分で考え、行動する人間にどうしたらなるのだろう？

しばらく考察してみた結果を、『「指示待ち人間」はなぜ生まれるのか？』というタイトルをつけ、togetter《トゥギャッター》というウェブサービスにまとめてアップした（＊2）。そうすると、またたく間に40万人を超える閲覧があった。それだけ「指示待ち人間」に悩む上司、そしてそうみなされて苦しんでいる部下の方が多いということだろう。

「これだけ反応があるのだから、部下とどう接したらいいか分からない人たちのために、本を書きませんか？」という話が舞い込んできた。

本書はそうして企画されたものだ。

指示待ち人間はどのようにして生み出されるのか。自分の頭で考え、行動する部下はどうやって育つのか。思いつく限りのことを本書では書いてみた。

では私はそんなに立派な上司かというと、とんでもない。「この本に書かれているような人では全然ないですよ」という証人が何人も出てくる自信がある。

というのも、私は元々、見事な「指示待ち人間製造機」だったからだ。細かい性格で、自分のことはザックリのくせに、他人のことになると細かいことが気になる、実に嫌な性格だった。

しかも、指示がいちいち細かかった。

「この時はこれに注意するんだよ。あ、それからここもね」

「他にはこんな失敗をしやすいからその場合は……」

私はとてもどんくさいので豊富な失敗体験がある。それをすべて後輩に注ぎ込もうとするから、話が細かくなりすぎる。

説明が終わるころには、最初の話がなんだったか後輩は憶《おぼ》えていないので、当然最初からつまずく。

私はすぐに「違う！　さっき注意したでしょ！」と突っ込む。失敗を指摘されたほうは動揺して失敗を重ね、その失敗をまた私が指摘する。

後輩は私の言葉を聞き漏らすまいと必死になる。しかしそうすればそうするほど、手元への注意がおろそかになり、失敗しやすさが加速する。

するとついに吹っ切れたのか諦めたのか、私が指示を出すまで手を動かさなくなる。

「次はなんですか？」私の指示の分だけ手を動かして、また止まる。

相手が何も考えなくなっている様子が、私にも分かる。

でもどうしたらよいのか分からない。

自分で考えるのをやめてしまったせいなのか、一連の作業を終えても、手順を全然憶えていない。

どうも私の教え方はとてもまずいらしいぞ、という自覚はあるのだが、どうしたらよいか分からない……。

私の教え方の何が悪いのだろう？　延々、ぐるぐるぐるぐる悩んでいた。そんな時期が長かった。


だから私は本来、本書を書くような資格はないのだが、もし本書を書くに至った理由を一つ挙げることができるとすれば、私は失敗をたくさん重ねてきた、ということにあるかもしれない。最初から成功した人は、なぜ成功したのかの理由に気がつくことは非常に難しい。しかし失敗をさんざん重ねたすえに解決策にたどり着いた場合は、なぜ失敗したのかその理由がよく分かる。「指示待ち人間」の問題を言語化できたのは、私自身が指示待ち人間製造機だったからだといえる。

もしかしたらみなさんの中には、自分はいつまでも部下を育てることができないのではないかと不安を感じている方もいるかもしれない。口下手だし、威厳はないし、指導力はないし、教え方は下手だし、いつまでたっても部下は自分についてくるということはないのではないか、とお悩みかもしれない。

しかし、まだ諦めないでほしい。考え方を変えてみると、私なんかよりずっと優れた上司になる可能性があなたにはあるのだから。

本書では、私が「指示待ち人間製造機」から脱却する過程で気づいたコツをまとめている。「上司は話下手で構わない」「威厳はなくても構わない」「上司は部下より無能で構わない」「部下をほめずに育てる」「部下に答えを教えるなかれ」「部下のモチベーションを上げようとするなかれ」「部下を指示なしで動かす」。編集の方によると、従来のリーダー論からはちょっと信じられない内容になっているらしい。

これらの方法だと、従来リーダーに必要とされていた「高い能力」が、全くいらないものになる。「強いリーダー」「賢いリーダー」「ぐいぐい引っ張るリーダー」といった常識とはずいぶんかけ離れていく。


私は親戚の中でも、最も才能がないと自他ともに認める凡庸《ぼんよう》な人間だった。ただ、私は幸運なことにこれまで上司に恵まれてきた。私は何かといびつなところの多い人間だが、そんな問題児を受け入れ、やる気を引き出す上司に恵まれた。歴代上司にことごとく恵まれてきたおかげで、菲才《ひさい》にもかかわらず多少は仕事ができるようになった。

ならば、「才能のない奴は何をやっても才能がないんだ」「指示待ち人間はそもそも自分の頭で考える能力が欠落しているんだ」と現時点でみなされてしまっている方々も、私のような境遇《きょうぐう》に立てば、私以上に能力を発揮してくれるに違いないと確信している。

解決の方法はきっとある。

そんなリーダーでいいんだ、そんな方法があるのだ、ということを発見しながら読んでいただければと思う。

そして、この本を手に取った方の部下になった方が、私のように「上司に恵まれた」と感謝する境遇となり、「上司のおかげでよい仕事ができた」と感謝することができるようになれば、筆者としてそれ以上うれしいことはない。

篠原信

（＊1）学校法人産業能率大学が実施した「第3回上場企業の課長に関する実態調査」。従業員数100人以上の上場企業に勤務し部下を一人以上持つ課長が対象。2015年11月13日から17日までの5日間にインターネット会社を通して651人（男性633人、女性18人）から回答を得た。

（＊2）ツイッター上での発言をまとめるサイト「トゥギャッター」上に2015年11月4日に発表した記事（http://togetter.com/li/895830）。

はじめに 002

序章
三国志に学ぶ理想のリーダー像
優秀な人が指示待ち人間をつくる 020
一番の功績者は「食糧を送った者」 025
兵士の膿《うみ》を吸い出した将軍 028
山本五十六《いそろく》の名言には続きがある 030

第1章
いかにして「自発的部下醸《じょう》成《せい》方式」が生まれたか？
「指示待ち人間」はなぜ生まれるのか？ 036
一度憶えたら二度と忘れない勉強法 041
「教えない教え方」をやってみた 045
「教えない」どころか意地悪してみた 048
大学生やスタッフにも試してみた 050

第2章

上司の非常識な六訓

一、部下ができたら楽になると思うなかれ 054
二、上司は部下より無能で構わない 056
三、威厳はなくて構わない 059
四、部下に答えを教えるなかれ 063
続・部下に答えを教えるなかれ 066
五、部下のモチベーションを上げようとするなかれ 071
六、部下を指示なしで動かす 078

第3章

上司の「戦術」とは何か？

仕事の習得期間はどのくらい？ 084
教え方の基本「蔵《ぞう》・修《しゅう》・息《そく》・游《ゆう》」とは？ 087
単純作業が確実に身に付く教え方 090
やっぱり・部下に答えを教えるなかれ 100
「仕事の分解」は上司の仕事 102

第4章

配属1日目～3年目までの育て方

メールの書き方は「往復運動」で身に付ける 104
商談は客前ではなく裏でロープレ 112
仕事のコツを部下に教えるなかれ 116
数か月、数年をまたぐような長期の仕事の教え方 121
部下に仮説的思考が身に付くソクラテスの産婆術《さんばじゅつ》で 125
「自分がやったほうが早い病」を治す 129
「わが子を千尋の谷に突き落とす」獅子は無用 131
最初の1か月は「憶える」ではなく「慣れ」 138
上司は話ベタで構わない 140
部下にやりたいことがあると思うなかれ 147
朝のミーティングでは何をすると効果的か？ 152
新人の頃から身に付けたいある習慣 154

休憩時間に、部下と何を話すべきか？ —— 155
上司がサボるために部下がいるのではない —— 160
忙しすぎて教えられない時は、どうする？ —— 161
「職場にいた時間」ではなく
「職場で何をしたか」 —— 163
残業してもらわざるを得ない時は
どうしたらいいか？ —— 166
業務時間・残業に関するそもそもの考え方 —— 170
業務日誌の書き方 —— 175
退社前に確認すべきこと —— 178
もし上司との対話を嫌がる部下だったら —— 180
部下から意見・質問が
次々に飛び出す3つのアプローチ —— 184
何を考えているか分からない部下は怖いですか？ —— 190
部下の機嫌を取る必要はない —— 192
部下が報・連・相をしてこないなら —— 194
3か月後から1年後まで —— 196

第5章

困った時の9の対応法

部下はなぜふてくされるのか？　198
ノルマを課さずに部下を動かす　201
部下をほめずに育てる　204
「ほめる」と部下がつぶれる？　208
1年後から3年後くらいまで　213
西郷隆盛《さいごうたかもり》は部下に自分の運命すら委ねた　216
部下を評価する4つの方法　219
①給料を上げれば部下はやる気を出す？　220
②新人をどう評価したらいい？　223
③経験者、ベテランとの接し方　226
④給与の額をどう設定するか問題　228
部下を競争させずに動かす　232
複数の部下とどう付き合えばいいか？　237
「頑張るな」といたわられるから頑張れる　244

〆切の考え方・伝え方 248
やる気のある部下でも
常時フルパワーを期待するな 254
部下を注意する時の基本的な考え方 255
落ち込んだ部下を励ましたい時 263
部下をじっくり育てている余裕がない場合 266
どうしても関係がうまくいかない場合 268
部下に適性がない、と感じた時はどうするか？ 271
常に成長し続けることのできるコツ 275
あとがき 281

序　章

三国志に学ぶ理想のリーダー像

優秀な人が指示待ち人間をつくる

私が中学生の頃、親が横山光輝《よこやまみつてる》のマンガ『三国志』を買ってきてくれた。ところが諸《しょ》葛孔明《かっこうめい》が大活躍する二十四巻くらいまでしか当時は発行されていなかった（全部で六十巻）。次巻が出るのを待っていられなかった私は、やむなく横山光輝『三国志』の原作である小説の吉川英治《よしかわえいじ》『三国志』を読むようになった。文字だけの本を一切読まなかった私は、まんまと親の策略にはまったわけだ。

それはそれとして、中学生の頃に出会った『三国志』に登場する孔明は、それまでに見たこともないヒーローだった。

マンガやアニメが好きだった私にとって、ヒーローというのは悪者を倒す強さとかっこよさを併《あわ》せ持つ、分かりやすい存在だった。ところが孔明は張飛《ちょうひ》や関羽《かんう》などとも違って戦闘能力まるでなし。なのに何万人もの軍勢を指揮し、大勝利をおさめるという、それまでに見知っていたリーダー像、ヒーロー像とは全く異なるものだった。

特に赤壁《せきへき》の戦いで魅《み》せる知略の数々。敵の裏の裏をかく大天才ぶりに、私はすっかり魅了されてしまった。あんまり魅せられたものだから、文字だらけの本であるにもかかわらず、とうとう読了してしまった。それ以後、文字の本を読むようになったのだから、親の戦略は見事というしかない。

ところで、孔明には奇妙な矛盾があることに気がついた。劉備玄徳《りゅうびげんとく》らと一緒に蜀《しょく》を攻めていた時には、なかなか思うように勝利をおさめられず「蜀にこんなにも人材がいるとは」と驚いているシーンがあった。ところが孔明が蜀の支配者となり、最後の戦いの頃には、「蜀には人材がいない」と孔明が嘆いているのだ。

人材がキラ星のごとくいたはずの蜀から、人材が消えてなくなってしまった。これはなぜなのだろう？

その原因を暗示するようなエピソードが、吉川英治『三国志』には描かれている。

孔明がもうじき死んでしまうかもしれないという頃、孔明から敵将の司馬懿《しばい》のもとに使者が送られた。司馬懿が使者に「孔明殿の働きぶりはどうじゃな？」と尋ねると、使者は「朝は早くに起きて夜遅くまで執務しておられます。どんな細かい仕事でも部下任せにせず、ご自身で処理します」と答えた。

私はこのやり取りに、蜀から人材がいなくなってしまった理由が分かったように感じた。部下に任せればよいような仕事も全部自分でやってしまうようになれば、部下は自分で考えることをやめてしまう。孔明の指示を待ち、それに従いさえすればよい、という「他人事」の姿勢になってしまう。

孔明は些細《ささい》なことにまで口を出して、部下が自分の頭で考えることがなくなるように仕向けてしまったのではないか。

孔明が「指示待ち人間製造機」だった可能性を示唆《しさ》するエピソードがもう一つある。「泣いて馬謖《ばしょく》を斬《き》る」というエピソードだ。馬謖は孔明が後継者として期待する超優秀な部下だった。馬謖にある場所を攻略させるに当たり、孔明は「陣地を山上に築いてはならない」と口を酸っぱくして指示した。馬謖はなんとなく反発したくなったのか、指示とは逆に山上に陣地を築いてしまった。そのために敵軍に包囲され、水源地を敵に奪われて水が飲めなくなり、降参するしかなくなった。孔明は他の部下たちの手前、指示に従わずに大敗の原因を作った馬謖を、泣きながら斬るしかなかった。

この話も考えてみると、孔明が「指示待ち人間製造機」であったことを物語るエピソードだと言える。馬謖がもし優秀なら、山上の陣地は危ないということくらい自分で気づけたはず。なのに孔明はまるで馬謖の才能を信じていないかのごとく、出陣前から陣地のことを細かく指示していた。

馬謖が孔明の指示に逆らったのは、アマノジャクな気持ちが湧いたためだろう。「普段は私の才能を買ってくれているはずなのに、なんでこんな初歩的なことまで指示されなくちゃいけないんだろう？　いっそ戦略を逆にしても勝てることを見せてやれ」とムキになった可能性がある。

自分の才能に自信があり、自発的に物事を考える人間ほど、事細かに指示されることが嫌いだ。自分の才能を見せつける場がほしいのに、指示を出されてしまっては、功績は優れた指示を出した人間のものになってしまうからだ。「ほら、俺の言った通りだったろう」と。馬謖は「孔明の手の中」におさまることに反発を覚えるほど、自発性の高い人材だったのだろう。

だからこそ指示とは逆のことをした。その結果、馬謖は斬られてしまった。馬謖が斬られた事件以後のことはマンガや小説の『三国志』には詳しく描かれていない。しかしこんな事件があったら、以後、孔明の部下はみんな孔明の指示に従って、自分の頭で考えることをしなくなってしまうだろう。

孔明は馬謖に細かく指示を出さずに、ある程度任せるべきだった。もしどうしても心配で仕方ないなら「この丘の上に陣を作ったとしたら、どんな問題があると思う？」と質問し、馬謖自ら危険性に気づいてもらい、対策を提案させるべきだった。馬謖が自分で考え、気づいた体《てい》にしていたら、アマノジャクな気持ちが芽生えずに済んだかもしれない。

小説では、孔明は歴史上例のない天才であり、孔明ほど的確に判断できる人材は、蜀には他に誰もいなかった、そんな風に描かれている。

孔明から見れば、どんなに優秀な部下でも、自分の判断より劣って見えて仕方なかったかもしれない。だから部下任せにできず、全部自分で判断し、「最良の決断」に仕上げずにはいられなくなったのだろう。

しかしそのために、決断すべき案件はすべて自分が抱え込むことになり、部下は孔明の指示を待つだけの存在になってしまった。蜀から人材がいなくなったのではない。孔明が蜀から人材を消してしまったのだ。

吉川英治『三国志』は『三国志演義』という、やや脚色の多い物語を下敷きにしているから、すべてが史実とはいいがたい。しかし蜀から人材を消したのは孔明であると暗示するドラマ設定は、吉川英治氏の人間理解の深さを感じさせる。

一番の功績者は「食糧を送った者」

庶民にすぎなかった劉邦《りゅうほう》という人物は、時代の波に乗り、ついに中国全土を統一して漢帝国を建設した。統一後、誰が一番の功績者として表彰されるか、ということがみなの関心事になった。「俺こそは誰よりも劉邦のために命を懸けて戦った」と、前線に立ち続けた人間は自分こそが第一の功労者として表彰されることを期待していた。ところが一番の功績を挙げたとして表彰されたのは、後方で物資支援を担当していた、戦場に立ったことのない蕭何《しょうか》だった。

当然ながら、戦場で戦ったこともない蕭何がなんで第一の功績者なんだ、と疑問が湧き起こった。すると劉邦は次のように言った。

「俺たちの飯は誰が送ってくれた？」

劉邦軍の大きな特徴は、負け戦が非常に多かったのに、その度に驚異的な回復力を見せたことだ。これに対してライバルの項羽《こうう》軍は圧倒的な強さを誇り、ほとんど負けなしだった。負け続けにもかかわらず、劉邦は味方をどんどん増やし、項羽は勝ち続けたにもかかわらず、最後には「四面楚歌《しめんそか》」という故事成語《こじせいご》ができるほど、項羽軍は味方を失い、その他の軍はみな劉邦に付き従った。

これは、劉邦軍がどれだけ手ひどい負け方をしても、蕭何がどこからともなく食糧と武器をかき集め、戦場に送り続けたからだ。劉邦軍にいれば常に飯にありつけ、負けてもまた復活できる。この弾力性が、劉邦軍を「負けても復活し続ける軍隊」に仕立て上げたのだろう。

驚くべきは、蕭何の類まれではあるが非常に目立ちにくい「縁の下の力持ち」的な貢献を、劉邦がきちんと評価していたということだ。劉邦のこうした渋い人物評価能力が、後方支援という、華々しさもない、目立ちにくい仕事を担当する人間さえも感奮《かんぷん》させ、なんとかして劉邦を応援しようと気分を高揚させたのだろう。

「負けてもまた復活する」という奇妙な劉邦軍の強さは、蕭何のような影のサポート役を劉邦がきちんと評価できる人物であったからだろう。

劉邦軍に勝利をもたらしたもう一人の人物、韓信《かんしん》がいる。韓信は劉邦軍で目立つこともなく、すっかり嫌気がさし、逃げ出そうとしていた。それに気づいた蕭何は韓信を追いかけ、「劉邦に掛け合うから、私を信じろ」と言って引き戻した。

ちょうど負け戦の最中だったものだから、劉邦は蕭何まで逃げ出したと勘違いしてすっかりしょげていた。すると蕭何が韓信を連れてひょっこり戻ってきた。「お前まで逃げ出したのだと思って心配したぞ」という劉邦に、韓信をぜひ起用するように、と強く説得した。

劉邦の驚かされるのは、この時、なんの実績もない韓信を大将軍に任命してしまったことだ。いくら蕭何への厚い信頼があるとはいえ、ほとんど見ず知らず、実績ゼロの人間に全指揮権を委ねるなんて、大胆にもほどがある。しかし蕭何の推挙《すいきょ》は間違っていなかった。韓信は重要な局面で大勝利をおさめ、漢帝国成立に重要な役割を果たした。

その後、韓信は反乱の疑いで劉邦に捕らえられた。その時の興味深いやり取りが残されている。劉邦が韓信に「私はどのくらいの軍勢を指揮することができるだろう」と質問した。「せいぜい十万といったところでしょう」。ではお前はどうなのか、と劉邦が尋ねると「私は多ければ多いほどうまく指揮してみせます」と答えた。ならばどうして私に捕らえられたのだ、と笑うと「あなたは大軍勢を率いるのには向いていませんが、軍勢を率いる将軍たちの将として優れています」と答えた。

劉邦は決して完全無欠の人間ではない。むしろ欠点の目立つ、粗野な人物だった。しかし人の上に立つリーダーを感動させ、発奮させる人間的魅力にあふれていた。「将に将たり（リーダーたちのリーダー）」と言われたゆえんだ。

目立つ功績だけを評価するのではなく、「まさかこんなところまで評価してくれるとは」と感動させるところ、「そんなにも私のことを理解してくれていたのか」と感動させるところ、そうしたところが劉邦にはあったのだろう。

兵士の膿《うみ》を吸い出した将軍

呉起《ごき》という人は、孫子《そんし》と並んで「孫呉《そんご》の兵法《へいほう》」と呼ばれるほど有名な兵法家。呉起は、自分が将軍として率いる兵隊たちと寝食を共にした。同じものを食べ、同じ場所で寝て、兵士たちから篤《あつ》く信頼されていたという。

ある時、負傷してひどく傷が膿《う》んだ兵士がいた。呉起将軍は自ら口で膿を傷口から吸い出し、その兵士を介抱した。負傷兵の母親に友人がその話を伝えた。するとその母親は嘆き悲しみ始めた。「どうして泣くんだい？　将軍様が自ら膿を吸い取ってくれるなんて、大変名誉なことなのに」。すると母親は次のように答えた。「私の夫も呉起将軍に、傷口の膿を吸い出してもらったことがあります。そのことに大変感動した夫は、その後命がけで戦うようになり、とうとう戦死してしまいました。息子も同じ運命をたどってしまうと思って、悲しくなったのです」

この人のためなら死ねる、というほど感奮するというのは、果たしてよいことなのかどうか分からない。しかし「士《し》は己《おのれ》を知る者のために死す」という言葉があるように、人間にはこうした心理があるように思われる。

中国春秋時代に、予譲《よじょう》という人物がいた。この人は自分を厚遇《こうぐう》してくれた主君の仇討《あだう》ちのために、漆《うるし》で顔や体中をただれさせ、炭を飲んで喉《のど》をつぶし、全くの他人に成りすまして復讐の機会を探したが、とうとうつかまってしまった。

殺されかけた人物も、あまりの執念に思わず感嘆《かんたん》した。そして次のように質問した。「最後に仕えた主君の前に、お前は二人の主人に仕えていただろう。しかしその二人の主人のためには大して働こうとしなかった。なぜ最後の主君のためにそこまでするのか」

すると予譲は「最初の二人の主君は私を軽くしか扱わなかった。だからそれに見合う働き方をしたまでだ。しかし最後の主君は私を厚《あつ》く遇《ぐう》してくれた。ならば私は、それに報いるまでである」と答えた。

自分を信頼し、自分を厚遇してくれた人には、なんとしても応《こた》えたい。人間心理には、そうしたものがあるらしい。人を信じることの力というのは、大変なものがあるように思う。

山本五十六《いそろく》の名言には続きがある

人の上に立つなら率先垂範《そっせんすいはん》すべき、とよく言われる。教育者だったり技術的に先輩だったりするなら率先垂範も必要かもしれないが、リーダーが下手に率先垂範しすぎると部下はリーダー以下の才能しか発揮しなくなる。リーダーに恥をかかせないために。

「この人についていったら得をしそう」というリーダーがいる。こういうリーダーのいる集団は勢いがあり、急速に大きくなる。ただし、リーダーばかりが目立って、その他大勢はちっぽけな存在に見える。

「この人と一緒なら楽しそう」というリーダーがいる。こうしたリーダーの周りには、ユニークな才能を示す人が多い。少々の苦難があっても、みんなでわいわい楽しみながら乗り越えてしまう。

最初のリーダーは項羽タイプ。リーダー自身に大変な能力があり、部下の多くが愚《おろ》かに見えてしまう。部下のほうが愚か者扱いされても仕方ない、と思えるほど、卓抜した才能をリーダーが持っている。バカにされても集団から離れないのは、利益があると思うから。逆に言えば、利益がないと見限られた時、みなが立ち去ってしまう。

後者のリーダーは劉邦タイプ。リーダーをバカにしたりできる自由な空気がある。実際、リーダーに大した能力はない。でも憎めない。なんだかそばにいたい。そばに居続けるために、みんなが異能を発揮する。一人一人が育ち、部下の能力が高くなる。リーダーは欠点だらけのリーダーのまま、愛される。

孔明の時もそうだったが、横山光輝『三国志』を読んだ時、劉備玄徳が他のヒーローと比べパッとしないことも不思議に思った。大した武術も知略もない。だのに張飛、関羽、趙雲《ちょううん》、孔明などの英雄たちが劉備玄徳の周りにひしめく。リーダーってなんだろう？　と考えさせられた。

劉備玄徳の圧倒的な力、それは承認欲求を満たす力なのかもしれない。自分の存在価値を認めてくれる。この人がいれば自分はこの世に生きていてよいのだと思える。そうした承認欲求を満たしてくれる稀有《けう》な存在だったのではないか。漢帝国を建設した劉邦もそうだったのかもしれない。

この人と一緒にいるためには、もっと強くならなければ。もっと賢くならなければ。もっと活躍しなければ。そうして部下が自発的に動くような環境を提供する。その能力に、劉備玄徳や劉邦は長《た》けていたのかもしれない。だから二人は、どれだけ戦に負け続けても復活を繰り返すことができたのだろう。

冒頭の率先垂範という言葉は、リーダーが見本を見せると部下がついてくる、という風に解釈されている。しかし劉備玄徳が張飛、関羽、趙雲に武術の見本を見せられるだろうか？　孔明に智謀《ちぼう》の見本を見せられるだろうか？　リーダーが率先垂範を始めたら、部下は一歩引いた能力しか示せなくなる。

さしたる能力がないリーダーは、率先垂範のやり方を取らないほうがよい。大した能力がないことが赤裸々になるだけで、部下にも自分にとっても悲惨なことになる。それよりも、部下の優れたところを認め、そのパフォーマンスを引き出すことに専心《せんしん》したほうがよい。この場合、リーダーにさほどの能力はいらない。

劉備玄徳は、趙雲が命がけで息子を助けてくれた時、息子の無事を喜ぶ前に「もしお前を死なせてしまったら、私はどうすればよかっただろう。危険な目に遭《あ》わせてすまなかった」と詫《わ》びた。息子よりも自分のことを心配してくれたことに趙雲は感激し、以後、獅子奮迅《ししふんじん》の働きを続けた。

大切なのは、部下の高い能力を認め、伸ばしてやること。パフォーマンスを向上させるほどうれしくなるような「場」を整えることなのだ。

真の率先垂範とは、能力で部下と張り合うことではない。部下の能力発揮をどうやったら最大化できるかに意を砕くことである。

山本五十六氏の有名な「やってみせ、言って聞かせて、させてみせ、ほめてやらねば、人は動かじ」という言葉は、率先垂範の見本のように考えられている。この言葉は、なんらかの技術を教える場合には全くその通りなのだけれども、リーダーと部下の関係に当てはめるのはちょっと違うように思う。

実際には山本五十六氏の言葉には、「話し合い、耳を傾け、承認し、任せてやらねば、人は育たず」「やっている、姿を感謝で見守って、信頼せねば、人は実らず」と言葉が続くそうだ。部下の頑張りを全身全霊で承認することが大事だということを、山本氏もちゃんと指摘しているように思う。

リーダーは必ずしも部下より優れているわけではない。優れている必要もない。というより、部下はリーダーよりも何かしら優れた能力を持っていると考えるのが適切。ならば、集団のパフォーマンスを上げるには、率先垂範という言葉の表面上の意味に囚《とら》われる必要はない。

本書はこれから、誰もがそんな過去のリーダーたちのように偉大な活躍ができるような方法をみなさんと一緒に模索していきたい。

第1章

いかにして「自発的部下醸成《じょうせい》方式」が生まれたか？

「指示待ち人間」はなぜ生まれるのか？

私の身の回りには、いわゆる「指示待ち人間」が一人もいない。不思議なことに優秀な人の周りに限って指示待ち人間がいたりする。それはなぜなのか、考えてみた。

実は私のところに来たばかりの頃だと「指示待ち人間」候補と思われる人もいた。初めから指示を待つ姿勢なのだ。もし私がテキパキ指示を出していたら立派な指示待ち人間に育っていただろう。しかしどうしたわけか、自分の頭で考えて動く人間に必ず変わった。なんでだろう？

私の場合、指示を求められた時に「どうしたらいいと思います？」と反問するのが常。私は粗忽《そこつ》できちんとした指示を出す自信がないので、相手の意見も聞くようにしている。

最初、指示待ちの姿勢の人はこの反問に戸惑う人が多い。しかし私は引き下がらず、意見を求める。

「いや、私もどうしたらいいか分からないんですよ。でも何かしなきゃいけないから考えるきっかけがほしいんですけど、何か気づいたことありますか？」と、なんでもいいから口にしてくれたらありがたい、という形で意見を求める。そうするとおずおずと意見を口にしてくれる。

「あ、なるほどね、その視点はなかったなあ」「今の意見を聞いて気づいたけど、こういうことにも注意が必要ですかね」と、意見を聞いたことがプラスになったことをきちんと伝えるようにし、さらに意見を促す。そうすると、だんだんとおずおずしたところがなくなり、意見を言うようになってくれる。

もちろん、私の希望とはズレた、的外れな意見も出てくることがある。でもそれもむやみには否定せず、「なるほどね。ただ今回は、こういう仕事を優先したいと思っているんですよ。その方向で考えた場合、何か別の意見がありませんかね？」と言い、私が何を希望しているのか、伝えるようにしている。

こういうやり取りを繰り返しているうち、私が何を考え、何を希望しているのかを、スタッフや学生は想像できるようになってくるらしい。そのうち「出張でいらっしゃらなかったのでこちらでこう処理しておきましたが、それでよかったでしょうか？」という確認がなされる。大概ばっちり。

たまに私の考えとはズレた処理の場合もある。しかしその場合でも「私の指示があいまいだったので仕方ないです。私の責任ですので、気にしないでください。ただ、実はこう考えているので、次からそのように処理してもらえますか」と答えておく。そうして、考えのズレを修正していく。まとめると次のステップになる。

・私の考えを折に触れて伝える
・後は自分で考えて行動してもらう
・失敗（＝私の考えとズレた処理）があっても「しょーがない」とし、改めて私の考えを伝えて次回から軌道修正してもらう

この3つの注意点を繰り返すだけで、私の考えを忖度《そんたく》しながらも、自分の頭で考える人ばかりになる。

これに対し「指示待ち人間ばかり」とお嘆きの優秀な方は、少々違う対応をスタッフに取っているらしい。特に3つ目の「失敗」に対する対応にシビア。

「あの時きちんと指示しただろう！　なんで指示通りやらないんだ！　そもそも少し頭で考えたら、そんなことをするのがダメなことくらい分かるだろう！」

こういうことがあると、スタッフは叱られることにすっかり怯《おび》えてしまう。そこで叱られないように、自分の頭で考えることを一切やめ、すべて指示通りに動こうとする。「指示通りにやっていない」ことを再度叱られないで済むように、「そんなことくらい自分の頭で判断しろよ」という細かいことにまで指示を仰ぐようになってしまう。だから、優秀な人は「指示ばかり求めて自分の頭で考えようとしない」と不満を持つようになる。

でも多分、「指示待ち人間」は自分の頭で考えられないのではない。自分の頭で考えて行動したことが、上司の気に入らない結果になって叱られることがあんまり多いものだから、全部指示してもらうことに決めただけなのだ。

指示というのは本来、あいまいにならざるを得ない。例えば「机の上拭《ふ》いといて」と指示を出したとしても、どの布巾《ふきん》で拭くべきか、布巾がそもそもどこにあるのか、ということすらあいまいなことが多い。仕方がないので自分の判断でこれかな？　という布巾を見つけ、それで拭いたとする。

その後の顛末《てんまつ》で多分、違いが出る。「なんで新品の布巾で拭くんだよ、ちょっと探せばここにあることくらい分かるだろう、なんてもったいないことをするんだ」と言えば萎縮《いしゅく》して、今度から布巾はどれを使えばよいのか、どこにあるのか、細かいことまで指示を仰ぐようになる。

こういう対応だと違ってくる。「きれいにしてくれてありがとうございます。ん？新品の布巾を使ってよかったかって？ああ、いいですよそんなの。どこにあるか私も言っていなかったし。今度から布巾はここに置くようにしてくれればいいです」。自分の判断で動いても構わない、という経験をしてもらう。

「指示」にはどうしてもあいまいさが残り、部下が自分で判断して行動せざるを得ないもの。そしてその結果を、ビシビシ「違う！」と怒ってしまうか、「そもそも指示があいまいですもん、ちゃんとできるほうがビックリ。やってくれただけでありがたい」と感謝するか。そこが大きな分かれ道になる。

優秀な上司だと部下が指示待ちになり、私のような融通《ゆうずう》の利かない不器用者だとスタッフが私より優秀になるという皮肉。

しかし優秀な方は、私のやり方を即座にまねることもできるはず。そうすれば優秀なリーダーに優秀な部下。もう鬼に金棒。

自分の頭で考えるスタッフになってもらうには、失敗を許容《きょよう》するゆとりを持ち、むしろ自分の頭で考えて失敗するリスクを採《と》った勇気をたたえること。

失敗に対してゆとりある態度を持てる社会になれば、指示待ち人間は、もしかしたらビックリするほど少なくなるのかもしれない。

人はみな、最初から優秀なのではない、失敗を繰り返しながら能力を育てていくのだ、と考えたほうがよいのかもしれない。

一度憶えたら二度と忘れない勉強法

……というのが、2015年11月4日に、私がインターネット上に発表し、本書執筆の発端となった記事を、書籍用に少しシンプルにしたものだ。

ここから、本書で紹介する、「自発的部下醸成方式」に気がついた経緯についてお話しておきたい。

「はじめに」に書いた通り私は元々細かい性格だ。自分のことはザックリのくせに、他人のことになると細かいことが気になる、実に嫌な性格だった。そんな私は、見事な「指示待ち人間製造機」だった。

「なんかまずいなあ。僕の説明はずいぶん分かりやすいとみんな言ってくれるけれど、一通り話し終わってみると、何も記憶に残っていないみたい。実際僕が同じ説明を聞いたら、とても憶え切れないよなあ。どうしたらいいだろう?」

そうやって延々悩んだ。


一つ、思い当たることがあった。

中学生の頃、「分からないところがあったらなんでも聞け。教えてやる」。父が自信たっぷりに言うので「ここが分からないんだけど」と質問してみた。すると「教科書を読め」。別の問題を質問しても「教科書を読め」。

なんだ、分かんないなら教えてやるなんて偉そうなこと言わないでくれよ。すると父は「読書百遍《ひゃっぺん》、意《い》自《おの》ずから通ず。分からないと思っても百回読めば分かるようになる。

教科書を読め」。なんだよ、教えてくれないなら最初から教えるなんて言わないでくれよ。私はブックサ文句を言いながら、仕方ないから教科書を読んだ。学校の授業の説明もよく分からなかったし、親は教えてくれないし、私は長男で近所に年長の人もいないし、塾にも行ってないし、誰も教えてくれない。

でも教科書は一つよいことがある。自分で好きなペースで読み進められること。人の説明だとその人のペースで話がどんどん進むから、理解が追いつけなくなってしまう。もう一度同じところを話して、とお願いしても面倒がられる。それに比べて教科書は、当たり前と言えば当たり前だけど、「自分の読んでいるスピードでしか説明が進まない」から、ゆっくり理解することができる。

数学で最初に分からなかったのが絶対値。絶対値ってなんやねん。マイナス1の絶対値がなんで1やねん。じゃあ、1は逆にマイナス1になるんか？

教科書を何度も読み返すうち、「もしかしてゼロからいくつ離れているか、の『距離』ってこと？」と気がついた。その「仮説」に基づいて問題を解いてみた。もしかしたら自分の思い込み、勘違いかもしれないとドキドキしつつ、マイナス7の絶対値は、ゼロからマス目で7つ分離れているから、もしかして、絶対値は7？　正解は？　……

おお、正解。

そうか、絶対値って、ゼロからいくつ離れているか、ってことか。でもこの理解の仕方、本当に合っているのかな？　不安は消えない。でも、その「仮説」のまま問題を解き続けてみたら全部合ってた。どうもこれでいいみたい。なんで学校の先生はそんな風に教えてくれないのかなあ？　でも自分で解き方を見つけられたぞ！

自分で問題の解き方を発見できると、二度と忘れない。「誰にも教えてもらわずに、自分一人で発見したんだ」という得意げな気持ちが、記憶をさらに深く刻んでくれたらしい。

そのことを思い出した。教えてもらわないほうが理解も深いし、記憶もしっかりするんじゃないか？　分かりやすく説明したら、確かにその場では分かってもらえるけれど、子どもたちや後輩たちの頭の中にその説明がとどまらないなら、意味がない。

子どもたちが、後輩たちが理解し、できるようになること。それが一番大事なんだから、説明がうまいかどうかなんていうのは、忘れたほうがいいのかな？

「教えない教え方」をやってみた

ある時、公立中学で最下位付近をウロウロしている子どもの面倒を見てほしい、と頼まれた。物分かりは私よりもよいけど、ちょっとおっちょこちょい。漢字の横棒を一本サービスしたり値引きしたり。3なのか8なのか、本人にも見分けのつきにくい斬新《ざんしん》なデザインで数学を解いたり。そんなこんなで×ばかりもらって、自分が正しい解法を理解できているのかどうかも分からなくなって、すっかり勉強に自信がなくなってしまったらしい。

少なくともこの子は、私がこれまでやってきた「究極に分かりやすいはずの説明(ただし膨大)」をしてしまうと、「分かった分かった！　もう大丈夫、できるよ！」と安直に考えて、頭に何も残らないタイプだということがすぐに分かった。私のこれまでの教え方と相性が悪すぎる。

そこで、私が父からちっとも教えてもらえなかったように、この子にもちっとも「教えない」ことにしてみようと心に決めた。

「僕は新聞をそばで読んでいるから、分からないことがあったら聞きなさい」と言って新聞を読み始めた。

「先生、これ分からないんだけど」と質問があると「そうか、教科書を読みなさい」と言って新聞に戻る。

「いや、分からないから聞いているんだけど」「大丈夫、教科書を読めばきっと分かるから」「教科書読んで分かるわけない！」「大丈夫。きっと分かる。読んでごらん」

何度押し問答しても、この人は本当に教えてくれない、と分かったようで、渋々教科書を開いた。「このあたりかなあ……」。教科書をペラペラめくりながら、私の目を覗《のぞ》き込む。私の眼の色からアタリをつけようとしているのだろう。

「そうか、君がそう思うならそこを読んでみたら」。やった、アタリがついた、と思って読んでみると、まるで見当違いの場所。

半分怒りながら「ねえ、ヒントくらいちょうだい。お願い！」。「その問題と似たところを教科書で探してごらん。大丈夫、必ず見つかるから」

全然教えてくれないのに業《ごう》を煮やし、ついに爆発。「ちょっとくらい教えてくれたっていいじゃないか！」ポロポロ涙までこぼれ出す。

「大丈夫、君にもきっと分かる。教科書を読んでごらん」

しばらく泣きじゃくってしまうが、私はそれをじっと見守るだけ。

本当にこの人は教えてくれないんだ。ついに諦めて、教科書を最初からめくり始める。するよ、問題と似たようなことが書いてあるページが見つかる。「先生、ここ似てる」

「そうか、じゃあそこをじっくり読んでごらん」。ゆっくりと、ゆっくりと読み進める。上から下へ、上から下へ、何度も同じところを読み返す。

どうやら問題とそっくり同じ内容。例題で解き方まで書いてある。「この通りにやってみようかな」「君がそう思うなら、やってごらん」

「先生、答え合わせしてみて」

「どれどれ……おお、大正解！　よく頑張ったな」

パッと生徒の表情が明るくなった。「いや、ここが似ていると思ったんだよね！」うれしくて仕方ないらしく、饒舌《じょうぜつ》に語り出す。ウンウンと私も笑顔でうなずく。

しばらくして「じゃあ、他の問題も同じようにやってごらん」と声をかけると「うん！」勇んで取り組み始めた。

その子は、その解き方をたった一度で憶えてしまった。二度と忘れなかった。

あれだけ大量に説明してもこれまで分かってもらえなかったのに、何も説明しなかったこの子は自分で理解し、できるようになり、しかも忘れなくなった。

なんなんだこれは。「教育」って「教える」って字があるけど、教えちゃダメなのか？

「教えない」どころか意地悪してみた

教えないほうがどうも理解が深まり、問題も解けるようになり、しかも忘れなくなるらしい。

こうなったら、今までとは全部逆のことをやってみよう。

今までなら、問題を解かせる前に「こういう落とし穴があるから注意して」「こういったひっかけ問題がよくあるから注意して」「こういう例外もあるから忘れないでね」

と、転ばぬ先の杖《つえ》、事前に失敗しないようにと懇切《こんせつ》丁寧に注意事項を説明していた。しかし、それを一切やめた。

やめるだけでなく、むしろ落とし穴、ひっかけの質問をして子どもをわざと混乱させることにした。いわば「転ばすための杖」。

「カモノハシは何類？」生徒は習いたてなので自信たっぷりに「哺乳類！」と答える。

「え？　ほんと？　だって卵産むんでしょ？」

生徒は思いっきり動揺する。そうか、卵を産むのは哺乳類じゃないのか。じゃあ「爬《は》虫類かな」。

「え？　じゃあカモノハシは爬虫類みたいに体温が変わるの？」

生徒はエッという顔をして、教科書を丹念に読み始める。

私はニタニタ笑いながら待っている。

「先生、ひっかけたな……。カモノハシは爬虫類と哺乳類の合いの子みたいな存在で、卵を産んだりして、例外的！」

「おお、その通り。よく分かったね」

一度引っかかると、二度と忘れなかった。

理解があいまいになりやすい場所、誤解しやすい箇所は、教える私がわざと何も知らないフリをして質問すると、子どものほうで知識のあいまいさに気づき、きちんと確認し、誤解のないように理解するようになった。きちんと分かりやすく誤解のないように説明できるまで、私は知らないフリしてどんどん意地悪な質問をした。すると、子どもはその都度《つど》動揺しながら、結果的に実に分かりやすく説明できるようになっていった。

そこまでできるようになると、二度と忘れなかった。

……あれ？　なんだろう？　説明って教える側がする必要ないのかな？　こちらが説明するより、こちらが質問して説明させたほうが正しく理解でき、記憶もしっかりするというのはどういうことだろう？

大学生やスタッフにも試してみた

そのことを思い出し、研究室のスタッフや学生にも「教えない教え方」を試すようになった。

うちの研究室に来るスタッフはそれまで専業主婦だった方ばかり。もちろん専門知識はない。専門知識の話をしても、「そういうことはそちらで考えてください」とピシャリ。まあ、その通り。

そこで、「教えない教え方」をやってみた。私が全部説明してしまうのではなく、なるべくスタッフや学生にも考えを述べてもらう機会を設けて、私はできる限りしゃべらずに済むように心がけた。

「これ、何が起きているんでしょうね？」と声をかけると当然ながら「分かりません」と答えが返ってくる。

「そうですよねえ、分かりませんよね。私も分かりません。で、注意深く見てみるところのあたりがこんなになっていたりしたのに気がついたんですけど、他に気がつくところはないですかね？」

と質問すると、おずおずとだが、答えてくれる。

「あ、なるほど、それは気づかなかったなあ。あれとこれが起きるということは、何が原因なんでしょうね？　あてずっぽうで構いませんから、何か気づいたことがあったら教えてください」

私が一方的に話すのではなく、なるべく相手に話してもらうようにした。新しい装置を考案する場合、どうしたらよいかを学生やスタッフと一緒に図面を前にして考えた。すると不思議なことに、私が事前にあれこれ説明するよりも図面が頭に入るらしく、何日たってもしっかり憶えていて、なぜそんな図面になったのかの理屈も憶えていた。しかも「こういう構造ならどうでしょう？」と提案までしてくれるようになった。私が一方的に図面の説明をすると、ほとんど頭に残らないのに。

どうやら、私の説明を聞くというのは受け身の作業なので、身が入らないらしい。ちっとも頭に残らない。

しかし逆に私に説明しようとすると、身が入るらしい。私は物分かりが悪いのでよく「すみません、今のところをもう一度説明してください」と頼む。するとどういう言葉なら私に分かってもらえるか、考えたうえで説明しようとする。そのように能動的に取り組むと、理解も深まり、忘れなくなるものらしい。受け身ではなく能動的、主体的、自発的になることが理解と記憶を深めるらしい。

「教えない教え方、これはなかなかいいぞ」

本書の「自発的部下醸成方式」に気づいた瞬間だった。

第2章

上司の非常識な六訓

具体的なノウハウについては次章以降で見ていくが、本章ではその話以前に、上司として知っておいてほしい「心構え」について考えてみようと思う。「そんなのはいいよ」と読み飛ばす前に、意外と知られていないことのようなので読んでほしい。手っ取り早くハウトゥーだけを知っても、心構えができていなければ実践での運用は難しいからだ。

一、部下ができたら楽になると思うなかれ

「部下ができたら自分の仕事を振ろう」「部下ができたら、大変だった自分の仕事も楽になるだろう」と甘い期待を抱いている人は多いだろう。しかし、そう考えている人の多くが足元をすくわれることになるので注意が必要だ。

上司の仕事は「部下に働いてもらうこと」だ。しかし「上司の仕事を部下にやってもらうこと」では決してない。これは似ているようで決定的に違う。

上司と部下の関係を身体でたとえるなら、上司は神経、部下は筋肉だ。筋肉は運動の

ために伸縮するのが仕事。神経はいつ伸び、いつ縮むべきかを指令するのが仕事だ。もし神経が「いつ伸び縮みするか決めるのも筋肉君にお願いするよ」と言い出したら、オイオイ、と突っ込みたくなるだろう。

部下の仕事は、基本的には、筋肉のたとえと同じで、単機能だ。精密機械を組み立てるという複雑で細かな作業であったとしても、筋肉にしたら伸び縮みするという動作を繰り返す単機能を発揮するだけのこと。ただし伸び縮みを適切に行うには、神経の適切な指示が欠かせない。その際、神経はしっかり働かなければならない。これと同じで、部下がしっかり働くには、上司もしっかり働かなければならない。「部下に働いてもらう」という上司の仕事をしっかりこなすのが、上司のつとめだ。

だから上司は、自分がやるべき全体的思考、長期的視野での作戦立案など、部下がやっていられない仕事をしっかり担当する必要がある。部下には、自分が担当する仕事をきっちりこなしてもらう。そういう分業体制だと心得る必要がある。

部下が増えたから上司の自分は楽ができる、なんて考えたら大間違い。部下ができたら、上司として配慮しなければならないことがまた一つ増えるというのが本当のところだから、初めから心してかかる必要がある。

二、上司は部下より無能で構わない

部下にしっかりした見本を見せなければ……。率先垂範というくらいだから、自分が模範となるくらいに働かなければ……。そう思って頑張りすぎると、かえって部下が働かなくなってしまう恐れがある。

素晴らしい成績を挙げ続けて出世した人は、上司になったのだから自分が平社員でいた時よりもずっと頑張らなければ、とつい気を張ってしまうが、そこはもう少し肩の力を抜いて、考え方を変えたほうがよい。

というのも、仕事の仕方が上司と部下とでは全然違っているからだ。頑張りどころが変わってしまっている、ということに気がつく必要がある。

自分が誰かの部下だった時代は、「俺、こんなことを考えたんですよ」とアイディアや自分の業績を上司にアピールするくらいのほうがかわいがってもらえる。ちょっと生意気だが仕事に熱意がある、という若者のほうが、上司にとってはありがたい存在だからだ。だからついつい、「俺は仕事ができる」というアピールが成功体験として身に付いてしまっている。

しかし部下への「俺は仕事ができる」アピールは、基本不要だ。

私たちは、お手本を見た時に二通りの反応をする。「このお手本通りに、上手にできるようになりたい」と願い、努力するようになる場合。もう一つは、「まあ、なんて素晴らしいお手本でしょう。素晴らしすぎて自分にできるとは思えません……」と、すっかり諦めてしまう場合。

プレイヤーとして優秀な上司による部下への「俺は仕事ができる」アピールは、えてして後者になりやすい。上司は部下に働いてもらうのが仕事。なのに部下と能力で張り合って、部下のやる気を削いでどうするつもり？　という話なのだ。

上司の仕事は、全部とは言わないが、部下の仕事とは異質なものを取り扱うようになっている。一応、部下に仕事を教えることができる程度の能力は必要だが、常に部下よりも「できる」必要はない。

ライオン使いやゾウ使いを考えてみよう。人間にはライオンのような強力なキバやツメはない。ゾウのような巨体や力もない。なのに人間は、ライオンに火の輪をくぐらせ、ゾウに芸を仕込むことができる。

ここでこういう芸をしてね、と教える必要はあるが、ライオン以上に上手に火の輪をくぐる必要はないし、ゾウのように長い鼻で芸をやってみる必要もない。教えるからには教えられる者よりも高い技術を持っていなければ、と思う人が結構いるが、教師は必ずしも生徒より優れている必要はない。

ライオン使いやゾウ使いは、日常のエサやりや下の世話まで配慮する。考えようによっては、どちらが主人か分からない。肝心の芸をすべき時に芸さえしてくれれば、ライオンやゾウの仕事は終了だ。

上司の仕事は、部下が持っている潜在能力をできる限り引き出し、仕事の上で発揮してもらうことだ。そのために雑用をこなし、部下が高いパフォーマンスを発揮できるようにお膳立てする。上司の仕事は、部下が仕事をしやすいようにお膳立てする雑用係だ、と言ってもよい。

教師は必ずしも生徒より優れている必要はない、ということは、上司は必ずしも部下よりも優れていなくてよい、ということでもある。「名選手、必ずしも名監督ならず」

と言われるが、名監督になるには優れた選手になるのとは別の能力が求められる。もちろん、名選手だった実績がある監督なら、実績で選手たちを黙らせることはできるだろう。しかし選手のパフォーマンスを上げるには、監督ならではの別の能力が必要だ。上司も同様で、平社員の時に見せた能力とは別の能力が求められる。

それは、部下のパフォーマンスを引き上げる能力だ。パフォーマンスを発揮してもらうには、働く意欲を引き上げることが必要だ。つまるところ、上司の仕事は、部下の意欲を引き出すことだと言ってよい。

三、威厳はなくて構わない

初めて上司になる人の中には、「部下に尊敬されなければ」「部下がビシッと言うことを聞く厳格な上司でなければ」と気負っている人もいるだろう。しかしそういう人が部下を指示待ち人間にしてしまいがちなようだ。

仕事って不思議なもので、自分が好きで始めた仕事だと「俺、3日も徹夜状態なんだ〜」と言いながら、心地よい疲労感を感じながらなおも喜んで働こうとする。しかし人から言われた仕事で気が進まないと「やらされている感」が強く、「しんどいー、つらいー、ねむいー、疲れたー、もう帰りたいー」とグチばかり出てくる。あれはなんなのだろう？　自主的に働くことはどれだけハードワークでも苦にならないのに、「やらされている感」のある仕事はほんのちょっとであっても「ああ、疲れた」になるのは？

理由やメカニズムはよく分からないが、自主的なら働きづめでも苦にならず、「やらされ感」があるなら些細なことでも苦になる、というのは、人間心理として厳然《げんぜん》とあるらしい。ならば、「部下に働いてもらうのが仕事」である上司は、このことを十分頭に入れて部下に接する必要があるだろう。

もちろん給料の減額やクビにすることをちらつかせて脅《おど》し、働かせるということも可能かもしれない。恐怖で人を支配するやり方だ。ある意味、誰でもできる簡単な方法だ。だから、上司としてのテクニックに自信のない人、どうしてよいのか分からなくなった人は、この方法にすがりやすい。

しかしちょっと待ってほしい。部下に働いてもらうには恐怖で支配するしかない、と思っている人は、他の方法を知らないからそれにすがっているだけだ。そうではない方法がある。その方法を少しでも多くの人に気づいてもらい、広めてほしいというのが本書の目的だから、ぜひ諦めずに、ちょっと試してみてほしい。

世間に広く信じられていることに「人間は勉強が嫌いな生き物である」「人間は働きたくない生き物である」という話がある。人間はできるなら勉強したくない、働きたくない。サボるだけサボって、楽に生きたいと願うのが人間だ、というものだ。

もちろん過酷《かこく》な労働を強いられてきた経験があると、そんな願望を持っても当然だ。しかしどうやら、人間は勉強したい生き物だし、働きたい生き物でもあるらしい。それは「できない」を「できる」に変える快感が人間の基本的欲求としてあるためのようだ。

ハイハイしかできなかったのが立てるようになった、立つだけだったのが歩けるようになった。「できない」が「できる」に変わる瞬間、人間はそれを快として感じるようにできている。しどろもどろだった営業トークがスムーズに話せるようになった。不良品の山を築いていたのに失敗が少なくなった。目の前のことで精いっぱいだったのが少し全体を見渡せるようになった。何も知らなかったのにそこそこ専門知識を説明できるようになった。そうした自分の成長を感じた時、うれしく感じるものだ。

「できない」を「できる」に変える快感をできる限り促せば、人間はどんどん学びたくなるし、働きたくもなる。

考えてみると、恐怖で「やらせる」方法は、体育会系、スパルタ式、軍隊式と呼ばれる方法だ。日本では、日露戦争後、逃亡兵があまりにも多いのに業を煮やした軍部が、鉄拳制裁など恐怖で支配し、従順な兵隊を育成しようという動機からこの方式は生まれたらしい。四の五の言わず、命令されれば何も考えず猪突猛進《ちょとつもうしん》する。そんな兵隊を求めるところからこの方式は生まれた。戦後、軍隊式以外のロールモデルを見出せなかった体育会系は、軍隊式の指導法を長く引きずることになったようだ。

つまり、人を恐怖で支配し叱責で動かす方法は「考えない人」を生むための方法だ。だから「自ら考えて動く部下がほしい」と思っていながら、軍隊式で部下を鍛えようとしているのだとしたら、そもそも矛盾した手段を取っていることになる。「なんでうちの部下は何も考えないんだ？」と腹を立てているとしたら、そもそも取っている手段が「考えないように仕向ける方法」なのだということを、自覚する必要がある。

怒る・叱責する・恐怖で支配する以外の方法を模索していかなければ、自ら考えて動く部下を、あなたは手に入れることができない。

ではどうしたらいい？　そのための方法をこれから考えていきたい。

四、部下に答えを教えるなかれ

上司は部下に懇切丁寧に仕事を教えなければいけないと考えている人がいる。しかし、あまりに丁寧に教えすぎると、仕事への情熱を奪い、「指示待ち人間」を生んでしまう。

上司の仕事は、部下の意欲を引き出すことである。でもどうやって？

私自身がやらかし続けたことでもあるので反省の弁を述べながらということになるが、まず「教えすぎると情熱を奪う」ということが起きるので注意が必要だ。部下が仕事に熱意を持ち、注意力を高め、初歩的なミスがどんどん減っていくように指導するにはむしろ、「何を教えないか」を意識したほうがよい。

人間は不思議なもので、丁寧に教えてくれる人がそばにいると考えなくなる。「自分が考えなくてもこの人が考えてくれるから、まあ、いいや」というサボリスイッチが入るらしい。「思考のアウトソーシング（外注）」をやらかしてしまうのだ。

この現象を端的に示した言葉に「おばあちゃん子は三文安い」というのがある。これは孫がかわいくて仕方のないおばあちゃんが、いくつになっても口までご飯を運んで食べさせてあげてばかりに世話をするので、やがて自分一人では何もできない人物に育ってしまう、という、レアではあるが昔から起きてしまいがちな現象を指す言葉だ。もちろん、おばあちゃんに育てられたからといって、みんなこうなるわけではない。ただ、ネコかわいがりしすぎて育てると、そうなってしまうことがあるようだ。

思い起こしてみよう。誰に聞いたらよいか分からない手探り状態だったのに、自分一人の力でなんとか課題を克服する方法を見つけた時。あなたは心の中で、とても誇らしい気持ちになったのではないだろうか。この感覚を自己効力感と呼ぶそうだ。自分でも何事かをなし得た、というこの感覚は、教育心理学の言葉として成立するくらい、重要な概念だ。

何事かを自分の力で成し遂げることができた。そんな自己効力感が得られた時、人は自信を持つことができる。そして、もっといろいろなことにチャレンジしようという熱意が湧く。ところが先回りして教えてしまうと、この自己効力感を味わえないで終わってしまう。「そうすると失敗してしまうよ。こうしたほうがいいよ」。先回りして丁寧に教えてもらえてありがたいけれど、自分自身の力で答えを見つけ出すという快感を味わえないで終わってしまう。仕事がつまらなくなってしまう。そうして、指示待ち人間になってしまう。

自分が味わったような苦労はさせまい、と親切心で教えようとしたことがアダになるのは残念なことだ。しかし、あなた自身も、次のことは分かっているはず。

苦労は必ずしも苦い思いばかりではなかった、ということだ。

「できない」ことが「できる」に変わった瞬間、あなたは強い達成感を覚えたはずだ。その達成感、自己効力感を、部下にいかに味わってもらうか、ということに考え方をシフトさせてみよう。

「答えを教える」よりも、「できるようになった快感」をどうやって強めるかを意識してみよう。

続・部下に答えを教えるなかれ

教えた側というのは「それ、前にも教えたことあるぞ」というのをよく憶えているもの。ところが教えてもらった側は何も憶えていないことが多い。教えることは能動的、教えてもらうことは受動的だからだ。ならば、記憶をしてもらうには、部下の側が「能動的」になる必要がある。

「部下に答えを教えるな」と言われても、どうしても教えたくなってしまうのが人情というもの。だからここで補足をしておく。ちょっと卑近《ひきん》な例を紹介することをお許しいただきたい。

高校3年生になり、同級生が鼻息荒く学習計画を語ってくれたことがある。

「俺、今日から毎日英単語を10個ずつ確実に憶えていくんだ。1単語100回書き取りすれば確実に憶えられる。300日やり通したら3000単語。この方法ならばっちりだ」

のんびりしていた私はへえ、偉いなあ、と思った。翌月、どんな調子かその友人に尋ねてみた。するとその友人は暗い顔をして次のように語った。

「シノハラー、聞いてくれよ。確実に憶えたはずなのに、3日もたつといくつか忘れてるんだよ。1か月たったら、見覚えもないんだよ。あれだけ確実に憶えようと頑張ったのに、俺の記憶力、なんだったんだろう……」

記憶力というのは不思議なもので、憶えようとすればするほど憶えてくれないという現象がある。この友人の話に、私はいたく同情した。私自身、中学生になって初めて英単語を憶えようとした時、母親が洗濯物を畳《たた》みながら、教科書から「ウサギは？　鉛筆は？」とクイズ形式で付き合ってくれたのだが、一向に英単語を憶えられなかった。

何度か繰り返すうち、そばでマンガを読んでいた弟が「ラビット！　ペンシル！」と横から答えるようになったものだから、私は怒って弟とケンカ。母からは「憶えないあんたが悪い」と叱られ、散々な目に遭った。

それくらい自分の記憶力に自信がない私は、中学の恩師がかつて教えてくれた鉛筆読みというのを、大学受験に向けてやってみた。鉛筆を一定の速度で動かし文字をなぞりながら、英単語の参考書を読む方法だ。この方法だと、１冊１時間くらいで終わってしまう。

この方法では、当然ながら1回目は憶えられない。しかし不思議なことに、2回目の鉛筆読みをすると、なんだか見覚えのある単語がいくつもあるのに驚く。意味が分かるわけではないのだが、このページの左上あたりにこの単語があったのを見た記憶があるなあ、というのがいくつもあるのだ。「俺の記憶力、大したもんじゃないか？」という気がしてくる。

3回目に突入すると、たまに意味の分かる単語に出くわすようになる。鉛筆読みでさっと眺めているだけなのに意味が分かるなんて、すごいじゃないか！　とうれしくなる。

こうなると、鉛筆読みが楽しくなってきて、1冊1時間で読み通す作業を、何度も何度も繰り返す気になる。そもそも記憶できるのが不思議に思えるような方法でやっているから、憶えていなくて当然なので、憶えていないことにショックを受けることがない。なのに不思議なことに、見覚えのある単語が回を重ねるごとにどんどん増え、意味が分かる単語も増えてきて、楽しくなってくる。楽しいと記憶力が働きやすいのか、より憶えやすくなる。

記憶というのは、気まぐれなものだ。確実に憶えようとすればするほど、忘れやすくなる。どうも記憶というのはプレッシャーに弱いらしい。プレッシャーをかければかけるほど、憶えたはずのことが思い出せなくなる。

記憶力は自分のものだと勘違いしやすいが、記憶力ほど自分の思い通りにならないものもない。思い出したい時にちっとも思い出せない、という経験は誰にでもあるだろう。記憶力は「他人」だと思ったほうがよい。そっぽを向いて機嫌を損ねたらちっとも憶えてくれないが、調子が出るとどんどん憶えてくれる。自分自身の記憶であっても自分の思い通りになるとは考えず、「記憶力さん」と他人扱いしたほうがよいらしい。

部下の記憶力も、そういうものだとみなしたほうがよい。「これは確実に憶えろよ」と言ったって、本人にもどうしようもない部分がある。楽しく、興味の湧くことは、例えば大好きなマンガのワンシーンのように、映像がありありと浮かんでくるほどしっかり記憶が刻まれるが、興味のないことはちっとも憶えられないのは、みなさん覚えがあるだろう。

だから部下に仕事を憶えてもらおうと思うなら、楽しく、興味が湧くように仕向けるのが一番だ。そうすると仕事の憶えは早くなる。早くはなるが、確実に1個1個憶えていくというものではない。「前に教えただろう?」と言ったって、忘れてしまうのはどうしようもない。ある程度の忘却は織り込んで仕事を組み立てる必要がある。

私に学習計画を語ってくれた友人は、自分が単語を忘れてしまうことに気がついてショックを受け、以後の学習が嫌になってしまったらしい。こうなると、学習に対する姿勢が「仕方なし」、つまり受動的になってしまう。こうなると「記憶力さん」はなかなか頑張ってくれない。

自分自身の記憶力さえ、まるで他人であるかのように「気持ちよく働ける」環境を整えないとうまく機能しない。ましてや、他人に仕事を憶えてもらおうとすれば、よけいに「気持ちよく働ける」ことが大切になる。だから、部下に仕事を憶えてもらうためにも、部下の意欲を削ぐことになりかねない「答えを教える教え方」には要注意だ。

五、部下のモチベーションを上げようとするなかれ

マネジメントとは、部下のモチベーションを上げ続けることだと考えている人がいるかもしれない。しかし部下のモチベーションを上げようとする上司の働きかけは往々にして失敗に終わってしまう。

「答えを教える」よりも、「できるようになった快感」を強めることで部下の意欲を高めることも大切。でもどうやって？

チンギス・ハーンで有名なモンゴル帝国で宰相《さいしょう》を務めた耶律楚材《やりつそざい》という人物は、「一利を興《おこ》すは一害を除くに如《し》かず」という言葉を残している。よいものを一つ増やそうとするより、よくないものを一つ減らすほうがよほど効果的という意味だ。

「育てる」とは似て非なる言葉に「助長」というものがある。

「助長」は、ある男が隣の畑と比べて自分の畑の苗の育ちが悪いのに腹を立て、一本一本の苗を引っ張り、「成長を助けてやったよ」と満足げだったのだが、翌日になると根が切れてすべての苗が枯れてしまった、という逸話《いつわ》から来ている。

上司の中には、『できない』を『できる』に変える瞬間を部下に味わわせてやればいいんだな、よしそれを手伝ってやろう」と張り切ってしまう人がいる。特に、上司になったばかりの「新人上司」にその失敗が多い。「助長」になりやすいのだ。

上司から「ああすればうまくいくよ、こういう場合はこうすればいいよ」と親切にアドバイスすると、部下はつまらなくなる。自分が創意工夫する余地を奪われてしまうからだ。自分の仕事が自分のものではないように感じられ、「やらされている感」が強まる。やがて、上司から命じられるままに動く「指示待ち人間」になってしまう。

上司からすると「俺ってなんて熱心に指導する上司なんだろう」と自己満足が始まっているかもしれないが、熱心なあまりに「助長」し、部下の意欲の「根」を切ってしまっている。

つまり、部下のモチベーションを上げてやろうと上司が働きかけると、部下のテンションは逆に下がる。

部下の意欲をかき立てるには、よけいなことをするよりはよけいなことを減らすほうがよほどよい。まさに「一利を興すは一害を除くに如かず」だ。

「助長」の男は、自分の畑の苗の成長をよくしたいと考えたのなら、どうすればよかったのだろう？　適切な量の肥料をやり、渇いた日には水を、雨続きの日には水抜きをして、苗が育つのに最良の環境をつくってやり、成長自体は苗に任せる。それが一番よい方法だろう。

部下のモチベーションを直接引き上げようとするより、モチベーションを下げてしまう要因を除去することに努力したほうがよい。そうすれば、意欲は勝手に湧いてくる。

モチベーションを下げてしまう要因を除去すると、部下の意欲が勝手に湧いてくる。

でもどうやって？

「やる気のない部下たちが、自然にやる気を出して働き始めるなんて、信じられない」と、すっかり不信感に囚われている上司も少なくないと思う。だが、人間は本来、意欲のカタマリであることは子どもを見ていればすぐに分かる。

乳幼児は這《は》えば立ち、立てば歩こうとする。これは考えてみるととんでもないことだ。寝たきりの期間が長い老人が歩行練習のために立ち上がってみると、頭の位置の高さに恐怖を覚えるという。転んで頭をぶつけたら死んでしまうじゃないか。立つって恐ろしい、と不安になり、一度恐怖心が湧くとリハビリになかなか戻れないこともあるようだ。

ところが赤ん坊は転んでもまた立ち、転んでもまた歩こうとする。何度痛い目に遭っても、さらに新しいことにチャレンジし、できることを増やしていく。人間は本来、「できない」を「できる」に変えることがこの上なく大好きな生き物なのだ。

ところが、小学校に入って以降は学ぶ意欲を急速にしぼませる子どもが大半だ。教えられたことを「できる」のが当たり前とされ、できないとダメ出しを食らい、できる子との比較をされるようになる。このために学ぶことが楽しくなくなり、意欲を失ってしまうのだ。

ところがさらに面白いことに、社会人になって比較されることがなくなると、市民マラソンやトライアスロンなどの運動が大好きになる人がいる。学校時代はクラスメートと比較され、運動嫌いだったのに、他人と比較されることがなくなると、自分のタイムが少しずつよくなるのを感じてうれしくなり、運動が大好きに変わるという。「できない」を「できる」に変えるという、就学前の子どもの頃の学び方を取り戻した時、嫌いだったものが好きなものに変わるようだ。

これは勉強にも言えるようで、社会人になってから勉強が楽しくなった、と言う人も多い。「できない」が「できる」に変わる瞬間を味わえることが勉強の醍醐味になるからだろう。

上司の仕事は、部下に働いてもらうこと。働いてもらうには、働くこと自体を楽しみ、意欲を持って取り組んでもらうこと。そのためには、「できない」を「できる」に変えるという、人間が原初から持っている性質を活かすのが一番だ。でもどうやって？「できない」を「できる」に変える瞬間を味わえることが学習意欲の基本なのだから、その瞬間をできるだけ増やしてやるとよい。と同時に「できる」確率をできる限り増やす必要もある。

そのためには、解決不能なほどの難問を与えるのでもなく、あまりに簡単すぎるものでもなく、少し考えないとうまく解けないような、しかし少し頑張れば解けるようなほどよい難問を部下に与えることだ。それを解けた時、「やった！」という快感が味わえる。

まだハイハイを始めたばかりの子どもに「走れ！」とけしかけたって、意味がない。むしろ劣等感を植え付け、「僕にはできない」と泣き出し意欲を失ってしまうのがオチだ。目標を掲げるには、「できない」が「できる」に変わる瞬間をその都度味わえる、ステップ・バイ・ステップなものに設定したほうがよい。

ハイハイができるようになったら、つかまり立ち。つかまり立ちができるようになったら伝い歩き。伝い歩きができるようになったら直立。直立ができるようになったら、歩く。歩けるようになったら、少しずつ走る。当たり前だが、走ることができるようになるまでに、これだけの段階を踏まなければならない。

子育てでは当たり前にしていることを、部下に接する場合にも注意して行う必要がある。それは、成長の段階に合わせて「できない」を提供するということだ。ここまで基礎技術を積んだのなら、次の「できない」を「できる」に変えられるようになるだろう、と見通しを立てて課題を与える。これこそ上司の腕の見せどころだ。

そして親は「できない」が「できる」に変わった瞬間のその都度、「わあ、できるようになった、やったね」と一緒になって喜ぶ。それがうれしくて、子どもは次の「できない」に挑戦する。親は一つ一つの課題を克服していくことだけで驚き、喜ぶ。そんな

「待ち」の姿勢でいてくれるからこそ、子どもは親に喜んでもらおうとする。「見守る」ことは、「できる」に変わった瞬間の喜びを強化する、何よりのスパイスだ。

だから、部下が「できた」というその達成感を味わった瞬間に上司であるあなたがすかさず「とうとうできるようになったな」「やったじゃん」と声をかけてみよう。そうすれば、部下は「自分の成長を喜んでくれている」とうれしくなる。

成長を見守るというのは、そういうことを言うのだろう。

それを繰り返すと、他の職場では「やる気がない」とみなされていた人も、かつて見せなかったようなパフォーマンスを見せてくれるようになることも夢ではない。世界最速の男、ボルトだって赤ん坊の頃はハイハイしかできなかったはずだ。今はよちよち歩きに見える部下も、今後どれだけ成長するか分からない。そんなワクワク感を感じながら、部下を指導できると、上司としても楽しい時間を過ごせるだろう。

部下にステップ・バイ・ステップで仕事を与えていくやり方や、部下ができるようになった時の驚き方の詳細は、第4章でお話する。

六、部下を指示なしで動かす

部下には、手っ取り早く『次はこうするんだ』と指示をどんどん出したほうが仕事が早く済むと考えている上司は多いだろう。しかし、早そうに見えるその指示が、結果、指示待ちになっていつまでもあなたの手を離れない部下になる原因になる。

部下のモチベーションを「上げる」のではなく「引き出す」方法は他にはないだろうか？

もしあなたが日曜大工の講座に申し込んだとして、講師が「ここはこうしたほうがいいよ」と肝心な作業を全部やってしまって、できた椅子を持って帰らされたら、あなたはその椅子に愛着を持てるだろうか。

講師のアドバイスを受けながらも手は出されず、全部自分でノコギリを引き、金槌《かなづち》で叩いたとしたら、多少ゆがんでいたりクギが途中で折れたりしたハプニングがあったとしても「ここの部分はうまくできた」と愛着の湧く一品になるだろう。

指示を出すというのは、自分で答えを見つける喜びを奪う行為だ。推理小説を読もうとしたら犯人をばらされてしまうのと同じ。映画を観ようとしたらクライマックスの面白いところを解説されてしまうのと同じ。そんな推理小説は面白くもないし、映画も観る気を失ってしまうだろう。

仕事も実は同じだ。苦労はしても自分で答えは見つけたい。自分の力で仕上げたい。なのに上司がどんどん先回りして指示という名の答えを出してしまったら、自分の創意工夫を発揮するスキマがなくなってしまう。それだと、仕事という名の推理小説、面白い映画がつまらなくなってしまうのだ。

物語にもよくあるだろう。王様になったら、自分では何一つ決めさせてもらえず、ただの操り人形。それでは満足できない王が、ついに動き出す、といったような話。

自分から働きかけてみたい。自分から能動的に動いてみたい。自分で工夫して課題を克服してみたい。これを「能動感」と呼ぶとすると、人間はどうも能動感というものを求める生き物らしい。

ところが上司がよかれと思い、失敗しないようにと先回りして細かく指示を出すと、「やらされている感」が強くなる。「受動感」が強くなるのだ。受動感を強く感じると、人間は無気力になる。工夫しようとしても先に答えを言われたり、「そうじゃない、こうしろ」と自分なりの取り組み方を禁止されたりするので面倒くさくなって、面白くなくなるのだ。こうなると、「指示待ち人間」の一丁上がり。

だから、部下に事細かに指示を出すのはやめにしよう。

では、どうやる?

「お客さんへのメールの場合は、こう書いたほうが分かりやすいし失礼がなくていいよ」と答えを教えてしまうと、部下は「ああそうですか」と言われた通りにキーボードを打つかもしれないが、メールの書き方をなかなか憶えることはできない。

なぜそう書かなければならないのか、理由をきちんと説明しても、「ああそうなんですか。分かりました」と答えはするが、翌日になると忘れてしまう。

すでに述べたように、人間は答えをあっさり教えてもらえると、「またこの人に聞けば分かるから、いいや」と、憶えなくなってしまう生き物らしい。だから、安易に指示を出すやり方を続けていると、底の抜けたバケツに水を注ぐような感じで、いつまでたっても仕事を憶えてもらえなくなる。

だから教える時は、指示をなるべく出さないようにし、質問形式で部下にどうしたらいいか考えてもらうようにする。

「この文章だと、ああも解釈できればこうも解釈できるので、お客さんがどっちか分からなくなるかもしれないね。どうしたらいいかなあ?」

「このままだとこんな結末になっちゃう気がするね。それはちょっとまずいなあ。どうしよう?」

「これ、どこから手をつけたらよいか、さっぱり見当がつかないね。仕方ないから、まずは気づいたことをなんでも列挙してみようか。何かある?」

そうやって、答えを言わずに、部下に答えを追究するよう促す。もし部下がトンチンカンな答えを言っても「そうじゃなくてね……」と否定的な表現をせず、「おお、面白いね! 他にもある?」とどんどん意見を促そう。

質問形式のよいところは、次のようなものだ。

①なぜ問題だと考えるのか、質問の前提として理由（あるいは情報）を伝えることができる。
②何かしら答えをひねり出さなければならないので、「能動性」を部下から引き出すことができる。
③自分の頭で考えたりすることで、記憶がしっかり刻まれる。

自分がひねり出した解答は、納得感も得られやすい。「お、それいいねえ」と上司が追認《ついにん》してくれると、自分でなかなかよいアイディアを導き出せた、という自己効力感も得られやすい。

上司が「正解」を教えてしまうより、理由や情報を提供しながら質問し、部下に追究することを促し、自ら答えを導き出そうとしてもらう。そうすると、仕事の憶えはずいぶん早くなるだろう。

具体的に実践する方法は第4章以降に記す。

第3章

上司の「戦術」とは何か？

心構えについては以上だ。では、上司1年生になった人が部下にどう接すればいいか？　本章では様々なケースの具体例を挙げながら考えていきたいと思う。いわば、上司のための戦術とは何か、を考えてみる章だ。仕事の教え方は、私自身の失敗体験を思い起こしながら、どこを改善したらよいのか、なるべく具体的に考えてみよう。

仕事の習得期間はどのくらい？

まず部下には、どのくらいの期間で一人前と呼ばれるまでの仕事を憶えてもらえばいいのだろう。上司になったら時間軸の感覚を最初に持っておかないと、上司のあなたが大混乱に陥るだろう。基礎を固めずに家を建てたら傾いた、なんてことが起きてしまうからだ。

新人の頃というのは、何をやっても初めてのことばかりで、上司や先輩の言うことについていくだけで必死なものだ。自分が何をできるようになったのかも確認できないまま次の新しい仕事が来て、何がなんだか分からないというのが普通。

その意味では、職種によってかなり変動するだろうが、1年という区切りには意味がある。仕事には不思議と季節性というものがあって、「去年の今頃も、似たようなことをやっていたなあ」と、デジャブ（既視《きし》）感をようやく持てるようになるのが入社2年目だろう。

2年目は既視感を持ちながら仕事ができるようになる。と言っても、たった一度しかこなしていないからほとんど憶えていない。もう一度先輩や上司に聞き、かすかに残る記憶を手繰りながら「ああ、そうだったそうだった」と仕事をこなすことになる。それでも、一度はやったことがある仕事だから、初年度よりは落ち着いて観察しながらこなせるようになる。

3年目になると、もう二度はこなしたことのある仕事だから、ところどころ忘れてはいるものの、概略は頭に残るようになる。仕事の中身が分かっているから、目の前の作業だけに追われるのではなく、仕事全体の流れをもつかむ余裕が生まれる。

丸3年仕事をすると、まだまだできないことは多々あるが、その会社での、その部局での仕事はどんなものなのか、おおよそ見通すことができる。一人前として仕事をしてもらえるのも、丸3年を経過したあたりからだと考えてよい。

だとすれば上司も、丸3年をめどに部下を一人前に育てるという気でいたほうがよい。もちろん、バイタリティーがあって、早く仕事を憶えたいというやる気満々の部下もいるだろう。そういう人は、早め早めに教えても構わない。しかしやる気があるところが見込みすぎて、仕事を与えすぎ、疲れさせすぎることのないように注意しなければならない。そういう場合の対処法は後に記す。

今の世の中、「即戦力」が求められている。しかし仕事をしたこともない人間にいきなり仕事ができるようになっておけ、と言うのは、ピアノを弾いたことのない人間にバッハを弾けとか、野球をしたことのない人間にレギュラー顔負けのパフォーマンスを見せろと言っているようなもので、無茶な話だ。プロ野球だって、即戦力といえそうな甲子園出場校の選手を採用しても、みながレギュラー入りできるわけでない。大概はかなりの錬磨《れんま》が必要だ。すぐベテラン並みに働いてもらえるなんて、考えが甘い。

部下が仕事を憶えるために要する時間、育つのにかかる時間を待つ余裕が、職場には必要だ。あまりのんびりしていても企業は生活がかかっているのだから困るが、育つのを待つ余裕がないと指示待ち人間ばかりを製造することになってしまう。そうなればますます余裕を失うことは火を見るよりも明らかだ。

前述した「助長」の話と全く同じだ。

上司は農家のようなもの。苗の成長は苗自身に任せ、肥料や水やりといった環境条件を整えることに専心するように、上司は部下の成長を最大化するための諸条件を必死で考え、それをなるべく整えることが、上司の仕事だと腹をくくるしかない。

教え方の基本「蔵《ぞう》・修《しゅう》・息《そく》・游《ゆう》」とは？

そう腹をくくったうえで、では部下に仕事をどう教えればいいだろうか？　基本的な技術を知らなければ自主的に仕事をするどころではない。ここでは技術を教える基本の型について、私のやり方を紹介しようと思う。

比較的頻度《ひんど》の高いルーチンワークの教え方は、次のようにしている。

1……まず「これ、分かるかな？」と尋ねる。

2……自分が見本をやってみせる。

3……本人に実際に一回転だけやってもらう。途中で口を出さない。

4……作業を終えたと言ったら、「本当に忘れてるの、ない？」と注意を促す。

5……できているのを確認したら、「作業が終わったら声をかけて」と言い残してその場を離れ、残りの全ての作業をやってもらう。

6……「終了しました」と報告してきたら、出来をチェック。事前に伝え損ねていたことがあれば謝罪し、もう一度やり直してもらう。

7……問題ない状態になったのを確認できたら、教える作業はいったん終了。以後、その作業が発生する度に、何度も作業を繰り返してもらう。

8……慣れた頃に手順をきちんと憶えているか、成果物に問題がないか再チェックする。

9……手順もすべて頭に入り、成果物も問題がない状態が繰り返されたら、その作業はもう任せていい状態に入る。

学習のプロセスを示す言葉として蔵・修・息・游というのがある。

憶えようとするだけで必死になる時期が蔵。習い憶えたことをマスターしようと、繰り返し練習に励む段階が修。その結果、呼吸をしているように、無意識に技を発揮できるレベルに達するのが息。そのように完全にマスターした技術で、遊びにも似た新たなチャレンジをしてみるのが游。

仕事も同様に、段階を経《へ》て憶えていってもらう必要がある。

ここに書いた1〜6までの私の教え方が「蔵」。7〜8が「修」で、9が「息」。これ以降は自在に「游」してもらっても構わないということだ。

では、最初の頃はどういう仕事から憶えてもらうとよいだろうか？　数か月に一回しかめぐってこないような、次の機会には何をしたのか忘れてしまいそうな業務を憶えてもらうことは、新人には荷が重い。そうした仕事は、ベテランか上司であるあなたが当面処理したほうがよい。新人の部下には、毎日のように頻度が高く、業務量は多いけれど比較的単純な作業を最初は割り振ったほうがよい。そのほうが早く仕事を憶えられるし、慣れれば処理速度も上げやすい。

そのような仕事とは、言ってしまえばマニュアルが作成できるような仕事だ。一度見本を見せる必要はあるけれど、後はマニュアルを見て（あるいは部下自身が書き留《と》めたメモを見て）思い出しながらできてしまうような仕事だ。例えば、接客でも「いらっしゃいませ、ご注文はいかがいたしますか」「ありがとうございました」といった決まりきった文言を使うような業務や、決まりきった受注・発注業務などがそう。

そうした単純作業を一つ一つこなしていって、少しずつ多機能の人間に育ってもらえるように辛抱強く育てなければならない。

単純作業が確実に身に付く教え方

では、このやり方を最も単純に思えるコピー取りを例に、考えてみよう。

× 一気に教えすぎ

まずは、ダメな例から見ていこう。次のカギカッコの中の言葉、読む気がするだろうか。

「この本のこのページからこのページまでコピーを取って。会議資料として配布するから。出席者数は18人だから、余分も考えて21部コピーして。配布資料だからきれいにコピーしてよ。見開きの中央部分は暗くて読めなくなることが多いからしっかり開いて。本のサイズとかけ離れた用紙サイズを選ばないように。出席者の中には資料を半分に折って読む人がいるから、見開き中央がコピーの中央にくるように調整して。資料は5ページ分あるから、まずはコピー機に憶え込ませてから21部一気に印刷して。でも失敗が怖いから、まずは1部印刷して仕上がりを確認してからにしてね」。

私は読む気がしない。もし言葉で言われても、これだけのことを一気に言われたら一つや二つ、指示を忘れる人は多いだろう。

× 自分でやってしまいすぎ

説明しながらとは言え、コピー機のボタン操作を上司が全部やってしまって、「じゃあ、同じようにやってね」と肩を叩かれても、どのボタンを押したのか全然ついていけない。「見るだけで憶えろって、無茶言わないでよ」となってしまう。

× 教えなさすぎ

「この本のこのページからこのページまで、18部コピーしてきて」

コピーして持ってくると、「なんだよこれ、全部斜めじゃないか。会議資料としてお客さんにも渡すんだから、ちゃんときれいにコピーしてこいよ。やり直し！」

客に渡す資料ならそう言ってよ、と内心文句を言いつつ、コピーをやり直すと、「これ、半分に折ったら左ページの字の尻が折り目をまたがるじゃないか。資料を半分に折って読む人も多いんだから、そのくらい気を回せよ。見開き中央が用紙の真ん中に来るように。分かったか？ 18部も印刷しちまって、ああ、もったいない。もう一度やり直せ！」

いや、最初からそう言ってくれよ、とブツブツ文句を言いたいのをこらえ、もう一度コピーを取り直すと「なんだよこれ！ 見開き中央が暗くて字が見えないじゃないか。字がカールして読みづらいし。しっかり中央を押し広げてコピーしないとダメじゃないか。もったいないなあ、もう一回やり直し！」

なんとかコピーを終えて会議が始まったら、「おい、出席者が予定より2人増えた。

2部コピーしてきてくれ。なに？　原稿がどこにあるか分からない？　なんで出席者が増えることを予想しておかないんだ！　要領の悪い奴だな！」

いや、出席者数なんて聞いていないし。余分も含めた部数を頼まないあなたがいけないんじゃないか。と部下も不満に思ってしまう。次から部下は、根掘り葉掘り指示を仰ぎ、叱られないように予防線を張るだろう。そして指示以上のことをしない「指示待ち人間」になってしまうだろう。

◎「コピーお願い」だけで見事な資料ができる教え方

ここからは具体的な改善例をお伝えする。

1……まず「これ、分かるかな？」と尋ねる。

まずは、「会議資料のコピーを頼みたいんだけど、分かるかな？」と、質問をぶつける。相手から「聞く姿勢」を引き出すための質問だ。

困ったことに、世の中にはよく分かっていないのに自信満々、という人がいる。こういう人にコピーを頼むと「任せてください」と安請《やすう》け合いする。その割に、いろいろ出来が悪いコピーを持ってきたりする。心配して事前に細かく教えようとすると、「それくらい分かるよ、うるさいなあ」という顔をする。

前記のように質問すると、「コピー機の扱いくらい分かるけれど、どういう意味かな？自分の知らないことがあるなら、聞いておいたほうがいいかも……」と慎重になる。「どういう意味か、教えてもらえますか？」と聞く姿勢ができる。

2……自分が見本をやってみせる。

「じゃあ、こっちに来て」

コピー機の前で説明しながら、上司自身がコピーしてみせる。

文字列が斜めにならないように。見開き中央が用紙の真ん中に位置するように、見開きの中央をしっかり押し広げ、資料に近いサイズの用紙を選び……、等々を実演しつつ口頭でも説明する。

3……本人に実際に一回転だけやってもらう。途中で口を出さない。

「じゃあ、一回やってみて」

実際にコピーさせてみる。

「これでいいかな、と思ったら、スタートボタンを押す前に教えて」と言って、黙って見ておく。いくつもの注意点があったので、全部思い出せなくて戸惑うことも多いはず。一つ二つ、できていない点が目についても、すぐには指摘しない。すると相手は、忘れている注意点はないか、慎重にチェックするだろう。

「これでいいと思うんですが……」と言ってきたら、「じゃあ、一つ一つチェックしよう」。注意点を一つ一つ口に出して一緒に確認していく。

「文字列はまっすぐかな？」「見開き中央が用紙の真ん中かな？」「見開き中央は……」。忘れていたことに気がついたら「あ！」と言って修正するだろう。全部チェックし終わって間違いがなければ、サンプルとして1セットプリントアウトしてもらおう。

「よし、スタートを押して」

4……作業を終えたと言ってきたら、「本当に忘れてるの、ない？」と注意を促す。

「さて、出来栄えは？」

出てきたコピーを一緒に見て、きれいにコピーできているかチェックする。

おさらいは質問の形で行う。「用紙サイズは適切？」「斜めになっていない？」「資料の中央が用紙の中央に位置してる？」「中央部分がカールしていない？」。もし忘れていた注意点があれば、もう一度注意点をおさらいしながらコピーしてもらう。

一連の作業が終わって、大丈夫だと思えたら、

「じゃあ、同じ調子でコピーをしてもらおうか」

複数部コピーしてもらう必要がある場合は、その操作方法を教える。その際、上司がボタン操作してしまうのでなく、本人にボタンを押してもらう。自分の指で操作すると、頭に入りやすいからだ。

5……できているのを確認したら、「作業が終わったら声をかけて」と言い残してその場を離れ、残りのすべての作業をやってもらう。

ここまでの工程が終わったら次に、

「じゃあ、コピーお願い」

と伝えて、その場を立ち去る。

その場を離れるのは、「上司の目」による緊張から部下を解放してやるためだ。上司

が後ろから仕事の様子を見つめていると「どこかミスして上司から叱られないかな」と、視線が気になって仕方がない。そのため、目の前の作業から意識が遠ざかり、手元がおろそかになって、よけいに失敗しやすくなる。手順も忘れやすくなる。

しかしその場から上司が離れると、上司が見せてくれた見本、自分自身でやってみたことを振り返り、思い出す余裕が生まれる。頭がフル回転するので記憶にしっかり刻まれるし、作業を繰り返せば、上達して作業をテキパキ進めることができるようになる。

6……「終了しました」と報告してきたら、出来をチェック。事前に伝え損ねていたことがあれば謝罪し、もう一度やり直してもらう。

コピーが仕上がったら、成果物を見て問題はないか、しっかりチェックする。

もし問題がなければ「これでよし。ありがとう」と声をかける。きちんと仕事をこなしてくれた、ということを伝えることが大切。部下は上司にどう思われているか、とても気になるものだ。だからきちんと仕事をしてくれた、と思えた時は、きちんとそれを言葉にして伝えておくと、仕事への意欲を高めることができる。

もし注意し忘れていたことが見つかったら「ごめん、ここを頼んでおくべきだったのに、忘れてた」と謝り、もう一度2の「自分が見本をやってみせる」の段階からやる必要がある。上司も失敗することがあるんだな、とちょっとホッとするだろうし、印象に残るので、むしろ記憶に刻まれやすくなるだろう。

7……問題ない状態になったのを確認できたら、教える作業はいったん終了。以後、その作業が発生する度に、何度も作業を繰り返してもらう。

別の会議でコピーが必要になったら、「明日の会議の資料、コピーしてくれるかな?」とお願いする。「何部印刷すればいいんですか?」と聞かれたら、「出席者数は18人だけど、飛び入り参加がたまにあるんだよ」と答えて、「どうしようか?」と質問をぶつける。「じゃあ、3部ほど余分にコピーしますか?」「無駄になると残念だね」。「じゃあ、会議が始まる直前に人数を確認して、不足分をコピーすればいいですか?」「気が利くね。そうしてくれると助かるよ」。提案があれば、提案してくれたことを素直にありがたがる。

8……慣れた頃に手順をきちんと憶えているか、成果物に問題がないか再チェックする。

何度かコピーをして慣れた頃に成果物を改めてチェックする。

もし見開き中央がカールして見えにくいなどの問題があったら、「悪いけど、ここが見えにくいのでもう一度やってもらえるかな」と頼む形にする。頭に入っていたはずなのに失敗すると、「あ！　すみませんでした！　すぐやり直します！」という前向きな反応を見せてくれるだろう。次からは同じ失敗をまずしなくなる。

9……手順もすべて頭に入り、成果物も問題がない状態が繰り返されたら、その作業はもう任せていい状態に入る。

何度かコピーをお願いして、何も言わなくても全部問題なくこなしてくれるようになったのを確認できたら、後はもう任せて大丈夫になる。その業務についてはマスターできたとみなしてよい。「これコピーしてくれる？　参加予定は20人」「分かりました」。それだけの指示で問題なくその業務は進められるようになるだろう。

やっぱり・部下に答えを教えるなかれ

以上が、私の教え方の型をコピー取りを例に考えてみた場合の話だが、少し補足をしておきたい。

「何部印刷すればいいんですか？」と聞かれたらすぐに答えを言わずに、「出席者数は18人だけど、飛び入り参加がたまにあるんだよ」というように考える材料を与えつつ、「どうしようか？」と質問をぶつける。「じゃあ、3部ほど余分にコピーしますか？」と聞かれた時に「無駄になると残念だね」と、上司の側から答えを出さない様子を書いた。

これは、「上司はなるべく部下に考えてもらい、全部指示（答え）を出してしまわないようにしよう」ということだ。部下に考えるクセをつけてほしいのと、考えを尽くすことの楽しさを味わってほしいからだ。

上司は確かに部下に指示を出す必要があるのだけれど、本人に考えてもらう材料を必ず一つは残すようにしよう。

「何部印刷すればいいんですか？」と聞かれたら、答えを伝えるのではなく、「出席者数は18人だけど、飛び入り参加がたまにあるんだよ」と情報を提供して、どうすればいいかを考えてもらう。「じゃあ、3部ほど余分にコピーしますか？」と聞かれたら、答えを教えるのではなく「無駄になると残念だね」と新たに考慮すべき点を示す……といった調子で、考える材料はどんどん提供するが、どうすればよいかを自分自身で考えてもらう。

とうとう「じゃあ、原稿の資料を預かっていいですか。会議が始まる直前に人数を確認して、不足分をお持ちしますから」と核心に迫る意見が出てきたら「気が利くね。そうしてくれると助かるよ」。素晴らしく気が利くと驚いてみせるとよいだろう。

考えを尽くした結果、たどり着いた答えに上司が喜んでいる様子が分かると、部下は考えを尽くすという行為がちょっと楽しくなる。

「よし、もっといいアイディアを考えてみよう」「上司を素晴らしいアイディアで驚かしてやろう」という思考回路が働き出すと、部下は徐々に能動的に考えるクセがついてくる。

自分で考え、答えを追究する。答えにいったんたどり着いても、さらに優れた答えを求めて追究を続ける。この方法は、部下に仕事を教える際のどの時点でも意識して実践しておきたい。

「仕事の分解」は上司の仕事

単純な作業はここまでに述べた方法で憶えてもらうとして、たくさんの工程で構成される仕事の場合はどうやって教えればよいだろうか？

頻度の高い、毎日こなさなければならないような業務は、繰り返しによる「修」を実践しやすい。だから比較的早くに「息」まで進める。その意味でコピー取りは最も単純な仕事の一つだ。

他方、たくさんの工程が複雑に絡み合っている仕事は、そのまま教えると理解がついていかず、部下はパニックに陥ってしまいかねない。

その点、上司は仕事の全体像が見える立場にある。そこでいくつかの工程に上司が仕事を分解し、それぞれの工程の〆切を設定し、部下に割り振る必要がある。

新人は同時に二つの業務を憶えることはできない。例えば自動車の運転は、ベテランなら同時にいくつもの作業をこなすことができるが、教習所通いの初心者は「ええと、坂道発進の時は……」などと、同時にいくつもの作業をこなすのが困難だ。一つの業務をしっかりマスターして、次の業務の習得に移る。それができるよう、工程をいくつかに分解するのが、上司の仕事だ。マスターした業務が増えれば、二つの工程を一気に進めることも可能になってくる。それまでは、憶えきれる程度の工程に分解し、一つ一つマスターしてもらうことだ。

そして一つ一つの工程が終了するごとに苦労をねぎらう。ついにすべての作業を終えた時、「ここまで大変だったけど、ついにやったな」と改めて苦労をねぎらう。このように、工程を一つ一つに分解して、それぞれの工程で「ご苦労様」と苦労をねぎらい、自己効力感（自分にも何事かをなし得たという感覚）を持てるようにしたほうがよい。

また、膨大な業務をこなしてからでないと達成感が得られないような仕事を頼まざるを得ない場合、部下は自己効力感を一向に味わうことができず、苦役に感じる。結果がなかなか得られない地道な作業（研究だと、有用な微生物を見つけるのに千に一つ、万に一つから探すという気の遠くなるような作業がある）をやってもらうには、ちょっとした工夫を凝らす必要がある。

例えば百回作業を終えたらアイスクリーム一つ、というように、ささやかなご褒美《ほうび》を用意したりする。アイスバーが何本分になったかを数えたら、ちょっとした達成感が味わえる。百本集めたらすごいことになるなあ、と楽しくなってくる。目的達成まで果てしなく見える業務の場合は、いくつかのステップに分けて、どれだけの業務をこなしてきたかを可視化すると楽しくなってくる。このような工夫を様々に凝らして、自己効力感を感じられる機会をなるべく増やし、意欲をかき立てるように配慮したい。

メールの書き方は「往復運動」で身に付ける

では実際には、複雑な工程の仕事をどう憶えてもらえばよいだろうか？

手紙やメール、顧客との面談など、相手のある仕事は機動的に動く必要がある。お客さん相手だと失敗も許されない。こういう仕事は、新人にいきなり全部任せるのは荷が重い。仕事への理解、相手顧客の事情の斟酌《しんしゃく》、そして臨機応変、という3つがこなせるようになる必要があるからだ。

これは一朝一夕《いっちょういっせき》にできることではない。ともかく場数を踏んで、勘所《かんどころ》をつかんでもらう必要がある。

焦って早めに任せてしまうととんでもない失敗をやらかしてしまう。お客さんに迷惑をかけるわけにいかないから「もういい、俺がやる！」と仕事を取ってしまわざるを得なくなる。しかし仕事を途中で取られた経験をした部下は、激しく自信を失ってしまう。

「この仕事、向いてないかも……」

自信を失わないように、しかし大きな失敗をしないように、どうやって仕事を任せていけばよいか、考えてみよう。

心がけるべきこと

相手のある仕事で心がけるべきは一点、「やってみて、相手の立場になって考える」の往復運動だ。

顧客に送るメールを書く場合、あなたならどうしているだろう？　まずは書いてみる。そしてそのメールを顧客の立場に立って読み返す。分かりにくい部分、あいまいでいくつもの解釈ができてしまう部分、失礼に当たる部分があればそこを書き直す。再度、顧客の立場になって読む。自分の頭の中でその往復運動を繰り返して、メールを完成させていく。そんな風にしているはずだ。

原則はこの通り。では、部下にどうやってそれを教えたらよいのだろうか。メールの書き方を例に、考えてみよう。まずは、あまりよくない教え方から。

× 部下にちっとも考えさせない

顧客へのメールを部下に試しに書かせてみたら、あまりにひどいと感じ、全部自分で書き直したほうが早いと考えた。「これから俺が言う通りにメールを打って。はい、○○様　お世話になっております……」。口述筆記のようにメール全文を自分の言った通りにしてもらい、部下はタイプするだけ。「はい、これを送信して」。終わり。

これでは、部下はロボットのようにあなたの口述筆記をするだけで、メールの書き方を憶えられない。何度やっても、言われた通り文字を打つだけなので、顧客にメールを打つコツが伝わらない。

◎ 改善例

まずザクッと概要を伝えて、ともかくメールを書いてもらう。
「お客さんに、この日にお会いする時間を取っていただけませんか、というメールを打ってもらえるかな」「4、5分したら見せて」

一応の時間制限を設けておく。どう書いたらいいのかさっぱり見当がつかず、頭が真っ白になって固まってしまい、いつまでたってもメールが仕上がらない人がいるからだ。制限時間は、自分がそうした文章を初めて書いた時にかかった時間を目安にするとよい。

そうして書き上げてきたメールの内容が、分かりにくい、誤解しやすい、失礼などでひどい場合は、心の中で「これは教えがいがある！　後日部下が立派に成長した暁には、ネタにしてやろう」と喜んでおく。あえて「喜んでおく」としたのは、わけがある。「なんだこのひどい文章は！」とイラッとすると、それが部下に伝わって萎縮してしまう。そうなると文章を全く書き進められなくなる。メールの文章よりも、上司の怒りのほうが気になって仕方なくなるからだ。「後でネタにしてやろう」と、部下が未熟なことを内心楽しむくらいのほうが、部下も縮こまらせずに済む。
楽しむ気持ちを持ったうえで、部下と一緒にメールを眺めながら一つ一つ具体的に問題点を取り上げ、質問の形式でどうしたらよいかを考えてもらう。答えを先に言ってしまうのではなく、なるべく部下に考えてもらい、答えてもらうようにする。部下の脳ミソを刺激しまくることが、後日の成長を促すからだ。

「よし、じゃあ、お客さんの立場に立って、このメールを見ていこう。9時に、って書いてるけど、朝？　夜？」**（答えやすくするため、二択の質問にするのもよい）**
「もちろん朝ですけど……」
「普通はそう思うけど、夜ってのもなきにしもあらず。あいまいにしないほうがいいな」**（考える材料は提供するが、どうするかは答えてもらう）**
「午前、って書きましょうか」
「そうだね」**（承認）**
「行きます、ってのは友達ならいいけどなあ。丁寧な言い回しだとどうなるかな」**（ヒントの提供）**

「ええ、と〜……」
「お客さんへの定型文というのがあるから、探してごらん」**（ヒントの提供）**
自分が過去に書いたメールを例に見せてもよいし、文例集を載せた本を渡してもよい。
「ええ、と……あ、伺います、ですか？」
「うん、そのほうがいいね」**（承認）**
「ところで、俺たちがこの日時で行くって決めてかかっているけど、お客さんの都合は大丈夫なの？」**（着眼点の提供と質問）**
「いえ、まだ聞いていないです」
「じゃあ、こちらで勝手に決めたらいけないね。どうする？」**（思考の促進）**
「お客さんの都合が大丈夫か、聞いたほうがいいですよね」
「そうだね。ご都合を聞く言葉を足してみて」

一通り修正したら、もう一度最初からお客さんの立場に立ってチェック。分かりにくい言葉遣いになっていないか、分かりやすいけれども誤解しやすい言葉遣いになっていないか、失礼に当たる表現になっていないか。それらをチェックする。

おそらく、元の文章はほとんど残っていないほどに修正が加えられているだろう。問題がなくなれば、送信。

部下に考えさせ、答えさせようとするから1回目はひどく手間がかかる。自分が先に答えを言ったほうが早いように感じてしまう。

しかし、部下に考えてもらい、答えてもらうということを徹底すると、後が大変楽になる。「やってみて、相手の立場になって考える」という往復運動を繰り返せば、文章が確実に仕上がっていくことが部下にもよく分かるからだ。

二度目に同じようなメールを書いてもらう時には、初回よりはずいぶん時間がかからずに書き上げられるだろう。「お、よく憶えていたね」とさらっとほめておく。「書いてみて、お客さんの立場になって考える」を繰り返し、メールの文章を完成させる。

3回目、4回目になると、メールの修正はずいぶん少なくなるはずだ。

全く修正する必要がないメールが書けるようになったら、「ずいぶんうまくなったね」ときちんと言葉にして伝える。

臨機応変が求められる難しい案件のメールでも見事にこなせるようになったら、「重要な案件は今後もチェックさせてもらうけど、日常的なやり取りは任せるよ。CCで僕に送ってもらうだけでいい」と、仕事を任せるようにしよう。

一人で任せてもらえるようになった、という成長の証《あかし》があると、部下も自信がつく。そうした自信を着実に積んでもらうためにも、お客さんに失礼になる行動は極力回避させる。お客さんに失礼なことが起きたら、どうしても仕事を部下から取り上げざるを得なくなる。それが仕事を始めて間もない頃に起きると、ショックが強くて仕事を辞めてしまう恐れもある。お客さん相手の仕事は、部下の成長を慎重に見守りながら任せていく必要がある。

お客さんに失礼になる行動を極力回避するには、お客さんに伝わる前にしっかり上司としてチェックすることが大切だ。なるべく部下自身に考えてもらい、行動してもらうと言っても、それは上司と部下の間で済ませておき、お客さんにぶつける時には、十分に練り上げられたもの以外は出さないように上司として配慮する必要がある。

ただし、練り上げる作業はなるべく部下自身に考えてもらうことが必要だ。上司のチェックと補助が加わっているとはいえ、完成に至るまですべて自分が考え、練り上げたという実感があるからこそ、自信につながるからだ。

商談は客前ではなく裏でロープレ

次は、お客さんと面談するような仕事を考えてみよう。これも、問題がありそうなケースから考えてみる。

× いきなり任せてしまう

一緒に営業に回り、自分の接客する様子を一回見せた後、突然「じゃあ、次、やってみて」と任せてしまうと、新人は面喰《めんくら》って戸惑うだけだろう。うまく話せずにしどろもどろになって、結局上司のあなたが話を引き取って、全部やり直しになってしまう。任せられたのに上司が引き取った、という体験があると部下は自信を失い、自分にはできないと思ってしまう。

◎ 改善例

一緒に営業に回り、接客の見本を見せつつ、「そのうち新商品の紹介だけ君にやってもらうから、僕の話す様子をよく観察してね」と伝えておく。一部を任せるつもりなのを早めに伝えておけば、次から血眼《ちまなこ》になって観察するだろう。

一件目の営業が終わったら、喫茶店にでも入って「じゃあ、僕がお客さんだと思って、やってみて」。しどろもどろで途中で「なんだったっけ……?」と困っている様子になっても、黙って見ておく。

「はい、おしまい。また次のお客さんのところで見本を見せるから、今、何が足りなかったのかよく観察して」

自分がどこで詰《つ》まったのか記憶が新しいうちに見本を観察すると、観察眼が全然違ってくる。お客さんのところを退去する頃には、頭の中で何度も反芻《はんすう》しているだろう。

また喫茶店にでも入って「さあ、また僕がお客さんだと思ってやってみて」。

今度は詰まりながらも、通しで話しきることができるだろう。

この裏での訓練――いわゆるロールプレイング――を繰り返していくと、そのうち、言葉が詰まらなくなってくる。そしたら、次は応用編。お客さんになったつもりで質問して揺さぶる。

これは、上司の口上を「コピペ」しただけではお客さんへの柔軟な対応ができないからだ。単に上司の話し方をまねできただけでなく、話す内容を部下自身が理解できていなければならない。

「これまでの商品とどこが違うの？」

うろたえて、またしどろもどろになるかもしれない。

「価格は？」

「もう少し安くならないの？」

「他社の製品とどこが違うの？」

いろいろな質問をぶつけてみて、

「次の訪問を終えるまでに、どう話すと分かりやすいか考えておいてね」と伝える。

このように、

1……見本を見せる
2……頭の中で反芻する時間を与える
3……やってもらう

これを客前に立たせず裏で繰り返し、なんとか無難にこなせそうになったら、いよいよお客さんに説明してみろ、と任せてみる。「いざとなったら助け舟を出すから」と伝えておく。

「助け舟」を伝えておくのは、いざとなったら助けてくれるという安心感を与えるのと同時に、問題が起きて上司が話を引き取ってしまったとしてもショックを受けないでね、という隠れたメッセージを伝えるためでもある。

4……説明できたら「初めてにしてはうまく説明できたな。もっと上手な説明ができないか、今後も工夫を重ねてね」と、きちんとほめつつ、今後の工夫を促す。

営業トークは、分かりやすい論理だけでなく、身振り手振りから醸《かも》される雰囲気や言葉の抑揚《よくよう》などでお客さんの受けとめ方が変わることを伝えておく。まじめなお客さんと少し意地悪な質問の多いお客さんとでは、当然柔軟に対応を変える必要がある。少し難しいお客さんを訪問する場合、もう一度自分が見本を見せるからと言って、顧客によって話しぶりを変える様子を観察してもらうとよいだろう。

観察してもらったら→裏でやってもらって……、のまた繰り返しだ。

部下にお客さんの前での実践をやってもらうのは、【最初は商品の説明部分だけ】→【次に質疑応答の部分も】→【最後にはクロージングまでのすべてを任せる】、といった要領で、段階を踏んで徐々に難易度を上げる形で挑戦してもらったらいいだろう。

この「やってみせて→裏で練習させてみて」という方法は、いろいろな仕事を教えるのに応用できる。テレアポの電話、カフェやレストランでのレジ打ちや注文取り、接客・営業系など、様々な仕事で応用してもらえばよいように思う。

仕事のコツを部下に教えるなかれ

ここまでの教え方を実践してみれば、「一度やってみせる」ので、自分がやっている仕事のコツも自然と部下に伝わりやすいことが分かるだろう。

ただ、仕事のコツは言葉で細々と部下に教えようとしないほうがよいものなので、ここで少し補足しておきたい。

自分の体得したものは、すべて伝えられると思わないほうがよい。生まれてこのかた、部下とあなたは、体験してきたことも全然違えば、同じものを見ても感じ方が違う。町から来た女性がカモを見て「わあ、かわいい」。農村から来たおじさんが「おお、うまそうだな」。同じものを見ても感じ方が違うものだ。だから、コツを教えてやろうとする言葉も、受けとめ方が自分とは違ってしまう。

だから、部下にコツを教えたいのなら、コツを言葉で伝えようとするより、本人に体験してもらったほうがよい。そして、コツを早くに教えてしまうより、そのコツがなぜコツと言えるほど有効なのかを実感してもらうためにも、失敗を重ねて体験してもらったほうがよい。

例えば、私の仕事だと野菜の成分を分析する業務がある。学生さんに「どうしたらいい?」と聞くと「ミキサーですりつぶします」と予想通りの答えが返ってくる。私は内心ニンマリ笑って「よし、そう思うならやってごらん」とわざとやらせてみる。学生さんは私の様子がおかしいのに気がついているが、他に方法も思いつかないのでとりあえずやってみる。野菜をミキサーですりつぶしてみると、グチャグチャにすりつぶされた野菜の繊維が汁を全部吸って、分析しようにもすりつぶした液体が回収できない現実に気づく。

「このままだと液体として回収できないね。どうしたらいい？」

「ガーゼで濾《こ》すか、ろ紙でろ過する？」

「お、いいね。やってみよう」

次なるトラブル。ミキサー全体に繊維がこびりついてなかなか取れない。水で洗うときれいになるが、水気が残っていると次の野菜サンプルが水で薄まり、成分の濃度が変わってしまう。

「あれー、困ったね。どうしたらいい？」

「ミキサーを乾かします」

乾くまで待っていると、次のサンプルに取り掛かるのに何十分もかかってしまう。サンプルは数十個ある。このままでは分析が一日では終わらない。

「このままだと今日中に終わらないね。どうしたらいい？」

「ミキサーのカップをたくさん用意しておかないといけないんですね……」

こうした失敗体験があると、破砕《はさい》した野菜サンプルをガーゼで絞る準備をしておく必要性が分かるし、次々と分析できるようミキサーのカップをたくさん購入しておくという工夫の必要性が分かる。

コツを知らないで、思いつきでやってみるとどれだけ面倒くさいかが分かると、コツを知った時の衝撃が強く、しっかり憶えられる。しかし失敗体験のないままコツを教えてもらうと、コツのありがたみが分からない。ありがたみが分からないから簡単にコツを忘れてしまい、同じ失敗を繰り返しかねない。

しっかりコツを体得してもらうためにも、失敗をある程度経験してもらうゆとりを持てると、部下を育てやすい。失敗を一切せずに最初から成功してもらおうとすると、かえって将来、危なっかしい。

なお、私はある程度学生さんに実際に「失敗」してもらうことにしているが、全部それだと本当に仕事が進まないので、「思考実験」の中で「失敗」を体験してもらう工夫もしている。

「野菜の成分分析、まず君ならどうする？」「ミキサーで野菜をすりつぶします」「さあすりつぶしてみたら、野菜の繊維が汁を全部吸って数滴しかサンプル液が取れませんでした。分析にはせめて5ミリリットルが必要です。どうしたらいい？」「ろ過……すればいいですか？」「おお、いいね。ろ紙を用意して、ろ過してみました。あらビックリ！　ろ紙が液を全部吸ってしまって、下に液が落ちてきません！　どうしよう？」「え？　っと……絞る？」「お、いいね、どうやって絞る？」「網か、布か、何かそういったもので」「そうだね、そういう目的にはガーゼがあるから、そうしようか」

研究の場合は、実験の進め方を説明したマニュアル（プロトコル）がある。しかしそれを与えただけでは考えない。考えないと、マニュアルの読み間違いで誤った操作をしても全く気づかない。だから私は、こうした「思考実験」を織り交ぜることで、すべての業務には裏付けとなる「コツ」があることに気づいてもらうようにしている。

深刻なものでない限り、できるだけ実際に失敗を体験してもらいながら、深く考えてもらう。それが結果的に、部下の成長を速め、深めることになるだろう。

数か月、数年をまたぐような長期の仕事の教え方

では数か月や数年をまたぐような長期の仕事はどう教えたらよいだろうか？

仕事というのは、「型」がある。ある程度長期的なプロジェクトでも、企画立案、内容の具体化、作業工程のスケジュール組み立て、業務の遂行、進行のチェック、そうした「型」がある。

とはいえ、新人に長期の「型」を口頭で説明してもなかなか頭に入るものではない。一度通しで経験してみないと、新人には全体像が見通せない。長期的な仕事の「型」を伝えるには、そうしたプロジェクトの経験を積ませなければならない。

× いきなり任せてしまう例

「じゃあ、自分で企画立案してみて」

無茶。企画の立て方を書いた本だとか、参考書をいくら積んで新人に読ませても、一

体どこをどうしたら企画を立案できるのか、さっぱり見当がつかないだろう。しまいにはノイローゼになってしまう。

経験させる意味

プロジェクトのように、長期サイクルの仕事の場合、いくら教えたところで、新人には抽象的な話にしか聞こえない。プロジェクトの最初から最後までを一通り経験してみないと、「型」の実感は湧いてこない。

◎改善例

まずは上司自身が進めているプロジェクトに、一通り付き合ってもらう。そして時折、「あれ、君だったらどうする？」と質問を要所要所で重ねることで、「もし自分だったら」という思考実験を重ねるクセをつけてもらうようにする。

例えば「最近のトレンドでこういうのが出てきている。それを踏まえてさっきのようなプレゼンをしたんだけれど、もし君が同じ情報に触れたとしたら、どう考える？」。

自分が参考にした情報、その情報をもとに企画を考えたプロセス、なぜそれを面白いと思うのか、その理由を伝えて、それだけの材料に触れた時「君ならどうする?」と、追体験的に考えてもらう。そうすることで、企画を考える思考のプロセスに慣れてもらうことができるだろう。

企画立案をするには、その業界全体の動向、最近の流行を把握できていないと、新しいテイストを加えるという、ビジネスの基本ができない。新人には無理な話。これまで何が行われてきたのか「過去」を知らないので、何が「新しい」のかさえ判断がつかない。ありふれた過去の情報さえ、新人にとって聞き初めの話だと目新しく映ってしまうからだ。新人は業界の知識もないから、何か思いついても「それはすでに誰かがやっている」ことが多い。

「何か思いついたらメモを取り、同じものが業界の中にすでに出ていないか調査して。誰もまだやっていないことが確認できたら、今度は実現可能かどうか、必要な資金や条件はどんなものか、調査して。誰もやったことがない、実現可能性も高い、という案件をいくつもいくつも見つけておいて」、と何度も繰り返し伝える。

上司が企画立案し、プロジェクトを進めていく様子を隣で見てもらいながら、いずれ自分でやってもらう意識で仕事の流れを体感してもらう。

そのために時折「なんでこんなことをするか、分かる？」と質問する。「こういうことだからでしょうか？」と「仮説」を立ててもらう。「なぜそう思ったの？」や「ほう、それはどういうこと？」「もしそうだとしたら、結果はどういうことが予想されるんだろう？」といった質問で揺さぶっては、仮説の精度を上げる訓練をする。

「仮説」を立てるクセがつくと、理解が深まりやすい。仮説を立てるには、なぜそういう仮説を思いつくに至ったか、理由を説明する必要に迫られる。

理由を説明しようとしたら、業界のことや仕事の流れを理解しておく必要が出る。学ばずにはいられなくなる。調査せずにはいられなくなる。仮説的思考は、総合的に物事を考える習慣を身に付け、自ら学ぶ習慣をつけてもらうのに大変都合がよい。

例えば新商品開発の場面で、部下が「まだ誰も食べたことのないような食感のチョコを」といった仮説を立てたら、「へえ、なんでそんなこと思いついたの？」と理由を尋ねる。トラブルが発生した場面で、部下が「これが原因ではないでしょうか」といった仮説を立てたら、「へえ、どうしてそう思ったの？」と理由を尋ねる。

理由を説明させることで、説明力も引き上げることができる。理由を一通り聞いた後、

「なるほど、面白いことを考えるね」と仮説を面白がりつつ、「もしこういう条件が新たに追加されたら、その仮説だけでもつかな?」と、新しい情報を加えて揺さぶる。揺さぶっては、新しい仮説を立てさせる。

こうして、「仮説立てゲーム」を楽しむ。これを繰り返すと、「正解丸暗記、疑問に思わない」という日本人にしみついた習慣から抜け出せるようになる。

「仮説的思考」を部下に繰り返してもらうことで、ある種、プロジェクトを自分で立ち上げる「追体験」をしてもらえる。なぜそういう企画を思いつくに至ったか、その難しさも追体験してもらえる。「もし自分が上司の立場だったら」という別の側面の追体験を促す効果もある。

ソクラテスの産婆術《さんばじゅつ》で部下に仮説的思考が身に付く

真の意味で「仮説的思考」を部下に身に付けてもらうにはちょっとしたコツがいる。「仮説的思考をしろ」と言ったところで、部下はなんのことだか分からない。命令されてやるのも面白くない。

部下に仮説的思考を身に付けてもらう一番よい方法と思われるのは、産婆術だ。これはぜひ、みなさんにもマスターしていただきたい。

産婆術とは、哲学者として有名なソクラテスが得意としたと言われるものだ。名前から分かるように、本来は赤ちゃんの出産を助ける助産師の技術のことだが、ソクラテスは「知識の赤ちゃんが産まれるのを手助けする技術」としてこう表現している。

そもそも、ソクラテスがどうして世界史に残る有名人なのか、きちんと説明できる人は少ないだろう。倫理政経の教科書なんかには「無知の知」などと書いてあるが、「私は大してモノを知らないということを自覚している」なんて、少なくとも私は「それがどうした」と思ったものだ。

私が思うに、ソクラテスが歴史に名を残したのは、「無知な人間同士が語り合うことで新しい知を産む」産婆術を得意としたことこそが、本当の理由ではないだろうか。

ソクラテスは、若者に非常に人気があった。ソクラテスは若者と話す場合、老人である自分が説教するのではなく、若者の話をたいそう面白がって聞いた。「ほう、それは面白いね」「ふむ、それはどうしたわけかな」ソクラテスに質問された若者は、ない知恵を一所懸命に絞り、「それはこういうことじゃないですかね」と答える。すると「なるほど、今の話を聞いて思い出したが、こういう話もある。合わせて考えるとどういうことになるかね」と、新たな情報を加えながら質問を重ねる。そうすると、若者は新しい情報を加味した新たな仮説をひねり出す。「そんなこともあるのなら、こう考えたほうがよいのかもしれませんね」「ほう、それは面白いね！」

ソクラテスと話していると、これまでになかったほどどんどん思考が深まっていく様子が自分でも感じられて、若者は知的な刺激を大変受けたようだ。それが若者にとってはたまらない楽しみだったのだろう。

「相手の答えに対し、新しい情報を加味して、新たに質問する」ことを繰り返すだけ。相手は新しい情報とも矛盾しないで済む新たな仮説を唱える必要に迫られる。

「そんなことがあるのだとすると、こう考えたほうがいいですかね？」これを繰り返していくと脳を刺激され、どんどん思考を深めていき、対話を始めた当初からは思ってもみなかったような話に発展する。『メノン』（プラトン著）という本には、数学の素養がないソクラテスが質問しては、これまた数字のことなんか知らない召使が答えるということを繰り返すうち、図形の新しい定理を発見するという興味深いシーンが描写されている。産婆術は「無知」から「知」を産む方法なのだ。

私自身、こんな体験がある。

「農業の担い手を増やすにはどうしたらいいかな？　嫁の来手《きて》がないしなあ？　なんで女性は農業を嫌うのかなあ」→「トイレないですもん。男性はその辺でできるんでしょうけど、女性はそうはいかないですよ」→「じゃあ、簡易トイレを田園に設置したらいいのかな」→「嫌ですよ。私、簡易トイレ使ったことないですもん」→「え？　なんで？」→「扉開けたらすぐ外でしょ。スカートが下がりきってなくてパンツが丸見えって事故がたまにあるんですよ。前室の鏡で身だしなみを確認してからでないと外に出られないんですよ」

この話し合いの結果、「田園に女子トイレを！」という企画につながり、方々で開発を促してみた結果、農林水産省の「農業女子プロジェクト」で、実際に前室のある女性用簡易トイレの開発が進んだ。前室のある簡易トイレというのは、これまでにない発想だ。産婆術は、新しいアイディアを産み出す非常に効果的な方法なのだ。

仕事の見本をやってみながら、二つ、三つと仮説的思考を繰り返せば、部下の仮説の精度もかなり向上してくるだろう。なぜそういう仮説を立てたのか、しっかりした理由が述べられるようになり、仕事全体の流れも理解したうえでの仮説が立てられるようになっていく。

3年もすれば、「仮説的思考」による追体験効果で、プロジェクトを自分で立ち上げるための「型」もおおよそ把握できるようになるだろう。

産婆術は、自分の頭で考える部下を育てるうえで極めて有効な方法だから、初年度からどんどん実践するようにしていただきたい。

「自分がやったほうが早い病」を治す

こうやって丁寧に育てていると、結局は楽になるのだが、その過程では確かに時間がかかるので、もしかするとイライラ、じれったくなる人がいるかもしれない。部下の処理能力に不満を持つ人もいるかもしれない。「俺があいつの年齢の時には、もっとたくさんの仕事を一日でやっていた」「部下に任せるより、自分でやったほうがよっぽど早そうだ」と。

実際、自分が平社員だった頃に高い能力を発揮した人は、自分が上司になった時、部下の仕事の遅さに腹を立てることが多い。全部自分でやってしまったほうが早いと考え、部下の仕事を取り上げてしまい、自分で全部仕上げてしまうことがある。しかしそんなことをすると、部下は「ええ、どうせ私はダメな人間ですよ」といじけてしまい、部下の成長の機会を摘《つ》んでしまうことになる。

例えば子育ての場面で「自分一人でやってしまったほうが早い」と考え、子どもに何もさせなかったら何が起こるだろうか？　洗濯物を畳むのも「幼児のお前がチンタラやっているのに任せるより、自分でやったほうが早い」「キャベツを切るのに何十分もかかるのを見ているより、自分で料理をしたほうが早い」。その子どもは悲しいほどの無能力者に育ってしまうだろう。子育てでは常識なのに、仕事になると我慢できないのは「育てる」という意識を十分に持てていないからだ。

上司は、仕事ができるように部下を育てるのも仕事だ。自分が平社員だった頃と比べて仕事が遅いからといって、ダメ出しをするのは、将来、ボルトのように世界最速の人間に育つかもしれない子どもに「お前はまだハイハイしかできないのか」となじるようなものだ。短慮《たんりょ》は戒《いまし》めなければならない。

「わが子を千尋の谷に突き落とす」獅子は無用

仕事を任せていくには徐々に難易度を上げていく必要があるのだが、その点で補足をしておきたい。

応用の求められる仕事をするには、基礎技能が必要だ。私たちは滅多に餅つきをしないが、正月になれば見よう見まねでもそこそこできるのは、バットを振ったりハエ叩きで虫をやっつけたり、様々な技術を日常で磨いているからだ。基礎技術が身に付いていないと、イレギュラーな動きをいきなりやってみるということはできない。部下に基礎技能が身に付いてきたかどうかを見極めながら、少しずつ応用の求められる仕事を任せるようにしなければならない。

ある仕事ができるようになって、次の仕事を試させてみる段階でも、慎重な配慮が必要だ。部下を成長させようと次の仕事をやらせることにしたとする。しかしやり方によっては部下をつぶしてしまうことになりかねない。ろくに腕力がついていない子どもに雲梯《うんてい》をやってみろと無理矢理やらせようとしたら、子どもは怖がって、次から雲梯に近づこうとしなくなるだろう。

成長のさせ方、成功体験の積ませ方には、段階がある。基礎技能を積み上げ、着実に次のステージに進めると見込んでから進ませる必要がある。それなのに結構、成長段階を踏まえずに仕事をやらせて、部下をつぶしているケースが見受けられる。

部下をつぶさず、成長させるには、上司が適切に部下に成功体験を積ませる必要がある。成功体験とは任せた仕事を着実にこなしてきたという実績のことだ。仕事をきっちりこなしてきた、その実績が自信を与え、仕事への愛着を育み、仕事への意欲をかき立ててくれるからだ。

適切に成功体験を積ませるには、前段のステージの仕事をいくつもこなして技能を身に付けた時に、「あと少し背伸びすれば次のステージに届きそう」という仕事をその都度与えることだ。

例えば、新商品の説明をする仕事を任せた場合、まず第一段階として、詰まらずに説明を終えることができるかどうかだろう。それができるようになったら、顧客からの質問に答えられるよう、商品の理解を深め、どんな質問が来るのかあらかじめ予行演習をしておく段階に進む。どんな質問にも答えることができるようになったら、次は他の商品も同様に説明できるようにする……。

そうやって一つ一つの商品への理解を深め、会社の全製品を理解し、どんな質問にも答えられるようにする。

このように、一足飛びに全商品の説明をできるようになれと言われれば難しいが、主だった商品から始め、その経験を土台にして他の商品の理解も進める、といった順序でいけば、無理なく次のステージに進めるだろう。

次のステージへ背伸びする仕事をやらせてみる場合、いきなり一人にしないほうがよい。次のステージの仕事は初めてだからうまくできるとは限らないからだ。

「決定的な間違いがあったらサポートする。それまでは見守るから、一人でやってごらん」と任せる。上司に見られていると部下も緊張するから、失敗も多くなる。そこで「そうじゃないだろ」と厳しく指摘すると、さらに動揺してしまって、頭が真っ白になり、さらにポカミスを繰り返してしまう。だから、見守るといっても、上司である自分も何か仕事をしながら、それとなくチラ見するくらいがちょうどよい。

失敗しそうなことが分かってもいきなり厳しく指摘するのではなく、「ん？　それでよかったかなー？」と笑って、余裕を持った態度でそれとなく指摘できるとよい。

決定的な失敗はちゃんと指摘してくれる。けれど間違いを厳しく指摘するのではなく、「ん？　それでよかったっけ〜(笑)」と、自分の力で思い出す猶予《ゆうよ》を与えてくれる。そのために必要な時間も待ってくれる。

「あれ？　間違っていました？」と聞かれても答えをすぐに言わずに「さあて、どうだったと思う？」と本人に考えさせる。本人が以前に教えてもらったことを思い出そうとしている様子を見ながら、反応を待つ。「あ、違ってました。こうでしたっけ！」「お、そうそう。よく思い出したね。じゃ、やってごらん」

こうした余裕のある姿勢を上司が持っていると、部下は安心して挑戦し続けられるようになる。

一度見本を見せておけば、本人もそれを記憶の中で反芻しながらやってみることができる。これまでの仕事をこなすことで培《つちか》った力で、ほんの少し背伸びするだけだから、注意しさえすればたやすく成功する。

そして成功したら上司のあなたは「やったな。じゃあ、俺は自分の仕事に戻るから、何か困ったことがあったら声をかけて」と言ってその場を立ち去り、今度は本当に一人で任せてみる。自分一人になると、もっと落ち着いて作業を頭の中で思い出しながらやってみることができる。

結局、成功体験の積ませ方をまとめると、

1……前段のステージの仕事を繰り返させ、十分基礎能力を積み上げる。

2……次のステージに進む技能が育ったと見込みが立ったら、初めて次の業務に「ちょっと背伸び」させてみる。

3……次の業務を一度上司がやってみせる。

4……上司の見守りの中で、一度部下にやらせてみる。極力口を出さない。あまりじっと見つめず、他の業務をやりながら見守る。

5……いつでも上司に相談できる状態を用意したうえで、部下一人にやらせてみる。

これだけのステップを踏んだら、その後は部下一人でできるようになる。

獅子は千尋の谷にわが子を……という使い古された話があるが、もちろん事実ではないし、無茶な話。そんなことをするなら、千尋の谷を見事登ってみせる体力をつけてからにしなさい、と言いたい。

「ちょっと背伸び」はじれったいように思われるかもしれない。しかし、急がば回れというか、こちらのほうが長い目で見ると成長が早い。

最初に無理をさせないことが肝心。ちょっと背伸びして到達する、という達成感を繰り返し体験できている人間は、成長への欲求がどんどん強まるからだ。意欲が全然違ってくるから、成長のスピードが加速してくる。

赤ん坊はハイハイから始めて歩くようになるまで、極めて短期間に様々な難事をこなす。着実に力をつけ、「ほんのちょっとの背伸び」の連続が、非連続にも思える飛躍した成長を遂げさせるのだ。

実は、大人になってからの成長も同じ。連続した少しずつの成長を遂げているうちに、非連続とも感じさせる、飛躍的な成長を見せることがある。連続した成長があるからこそ、非連続の成長がある。

それを楽しみに待っているとよいように思う。

第4章

配属1日目〜3年目までの育て方

前章では部下と接する時の戦術を考えてみたが、本章では、それぞれの戦術を時間軸で見るとそれぞれどのように繰り出していけばいいのか、どう運用していけばいいかの戦略について考えてみよう。

最初の1か月は「憶える」ではなく「慣れ」

新人は、会社の様子がさっぱり分からない。仕事も何をしたらよいのかすら分からない。上司には見えていることが、部下には見えない。見ても「見どころ」を知らないから、同じものを見ても見えていない。

そんな部下の状態を頭に入れながら、指導する必要がある。最初の1か月は「職場慣れで終わり」くらいに考えてもよいかもしれない。そうしないと仕事は憶えられない、職場には愛着を覚えられない、早く辞めてしまいたい、という困ったことが起きる。

最初の1か月で教えたことは、ほとんど記憶に残るものではない。例えば「先週訪問したA社だけど」と言っても、「え？　どこの会社のことでしたっけ？」となる。

上司であるあなたは、A社は繊維業界の老舗で、窓口に優しそうな女性がいて、3階に行ったら馴染みのお客さんがいて、あそこのトイレはいつもきれいで……と、関連する副次的な情報が頭に入っているから、憶えていられる。しかし部下は緊張で頭が真っ白になっているから、どの企業のことだかさっぱり分からない。

知識とは、「知と知の織物」。A社という名前だけでは「ポツンと孤立した知」なので憶えられないのだ。だから、ほとんど記憶に残らないものだと思って、期待しないほうがよい。

せいぜい、憶えてもらいやすいように、特徴を伝えておくくらいが関の山だろう。「ここはエレベーターがないんだよ」「ここ、本物の大理石だよ」「ここの受付の人、いつもにこやかに挨拶してくれるんだよ」。それぞれの会社の特徴を伝えておくと、「ああ、あの会社ですね」と思い出しやすくなる。

最初の1か月は、仕事を教えるは教えるのだけれども、仕事に「慣れるため」くらいに考え、憶えていないことにいちいち目くじらを立てないようにしよう。

上司は話ベタで構わない

ラポールとは、カウンセラーと患者の間で「心が通い合っている」「分かってくれている」という心理学の用語だ。出会いたての頃には特にこれを上司と部下の間でも、仕事を一緒にしていくうえで差《さ》し支《つか》えない程度には形成しておきたい。ラポール（信頼感、親しみ）が形成できていないと、「疑心暗鬼《ぎしんあんき》を生ず」で、「上司は意地悪からこんなことを言うのに違いない」と被害者意識で言葉を捻《ね》じ曲げて受け取りかねない。

ラポールの形成に失敗すると、後でなかなか取り返せないので、部下との仕事が始まった当初から、相当意識しておく必要がある。失敗事例から考えてみよう。

× 空回りしてしまう

初めて部下を持てる上司になって、ちょっと興奮気味。部下と一緒にバリバリ仕事をしたいと期待が膨らむ。

そこで、新人に仕事に対する自分の情熱、これからの夢などを熱心に語りかけた。新人も社会人になりたての興奮もあって、熱心に耳を傾けてくれた。反応がよいこともあって、さらに熱く語った。

自分は仕事を憶えるまでにいろいろ失敗を重ねてずいぶん回り道をしたから、そんなことをせずに済むよう、自分以上のスピードで部下を育てようと、営業先にもどんどん連れて行き、夜遅くまで一緒に残業し、仕事を終えても一杯おごるからと飲みに連れて行き、仕事への情熱を一所懸命語り続けた。

しばらくすると部下が目に見えて疲れ出した。熱血指導にもなんだか気のない返事が増え、今日も残業だと聞くと、口には出さないけれど「えー、またぁ?」といった顔をするようになった。

熱血指導する立場としては、この態度に不満。自分と比べれば、まだまだ部下の仕事量は微々たるもの。それで疲れるとは、情けない。自分にはこんなに親切に教えてくれる先輩もいなかったのに、不服に思うとはなんと生意気な。「おいおい、まだ仕事を始めたばかりだぞ。そんなことでどうする!」とハッパをかけようとしたら「はい……」と気のない返事。これまた不満。

不満に思っていることが部下にも伝わって、さらに部下はやる気を失った様子。それを見てさらに不満を募らせる上司。感情のすれ違いが重なって、なんだかどんどん険悪な雰囲気に……。

ラポールを築く方法

上司は自分が話すより、部下の話を聞くことが大切。一方的に話すと、部下の本音がどこにあるのか、さっぱり見えてこない。それでいて、思い通りに動かない部下にだんだん腹が立ってくる。これでは「ラポール（相互信頼）」は形成できない。ラポールは、話すよりも「訊《き》く」とうまくいく。

◎ 改善例

部下を持てる立場になって、やや興奮気味。部下に「自分と一緒に頑張ろう！」と熱い思いを聞いてもらいたいのが正直なところ。しかしそこをグッとこらえて、部下のことをまずは理解しよう。ラポールを築くのだ。もしもあなたの話を部下が聞いてくれていない、心に響いていないかもしれないと感じたら、それは部下とのラポールを築けていないからという可能性も考えたほうがいい。

ではどうしたらよいか？

部下の話を「訊く」ことだ。「聞く」とせずに「訊く」と書いたのにはわけがある。部下に「さあ話せ、話を聞いてやるから」と言ったって、話すものではない。下手に話すと上司の逆鱗《げきりん》に触れかねない。何が上司の好みか分からないうちは、下手に話ができないからだ。

「訊く」というのは、「質問（訊ねる）しながら話を聞く」ということだ。「学生時代は何をしてたの？」「どういうことが好きなの？」「へえ、その時どう思ったの？」「君の話を聞きながら思い出したことがあるんだけど、こんな話があるんだ。君はこれについてどう思う？」「どうしてそうなったんだろう？」「他に気がついたことがある？」

よく５Ｗ１Ｈとか、オープンクエスチョンとか言われる質問の形式だ。Ｙｅｓ／Ｎｏで答える形式とは違い、いろんな答え方が可能なので、話題をどんどん膨らませやすい。

部下が話してくれたことに対し、上司のあなたが気をつけるべきことはただ一つ。

「あなたの話は大変面白い、もっと聞きたい」という気持ちを持つことだ。

「へえ！」「ほう！」「それはつらかったね」「よくそこでくじけなかったね」「大変だっ

たね」相手に共感を示しつつ、相手の話に関心を示す。
「学生時代はどんなことをやっていたの？」

体育会系の部活だったり、文化系サークルだったり、帰宅部だったり。そんな答えが返ってくるかもしれない。

途中で部活をやめたとか、最初から帰宅部だったという、アクティブなあなたから見るとどちらかというとマイナスイメージな話が出てくるかもしれない。そんな時にもネガティブに反応せず、「そうか、部活やっていても、いろんなことがあるからなあ」と、理解を示す言葉をかける。すると、「この人にはもう少し打ち明けても大丈夫かも」と感じてくれる。

「実はこんなことがあって」そんな打ち明け話をしてくれたら真剣に聞き、「そうか、大変だったな」「よく頑張ったんだね」と前向きに評価すると、「この人は分かってくれる」と感じてもらえる。

なんでも興味を持って、「へえ！」「そうなんだ！」「大変だったね」「なんでそうしようと思えたの？」など、感嘆や質問の形式の相槌を用いて、聞く姿勢を続けてみる。そうすると、二つの効果が表れる。

「この人はこんなにも自分に興味を持ってくれている」「上司に受容された」「受け入れられた」という安心感を部下が持つことができる。もう一つは、自由な発想をしても構わないのだ、ということが、言わずもがなに伝わるということだ。

そうすると、今度は逆に上司の話を聞いてみたくなる。話をちょっとしただけでも、ずいぶん熱心に聞いてもらえる。人間は不思議なもので、自分の話をよく聞いてくれる人の話は聞きたくなるものらしい。「聞く」姿勢になるべく徹し、相手に興味津々だという姿勢を示せると、ラポールの形成は大概うまくいく。

逆に言えば、ちゃんと部下の話を聞いてラポールを築いてからでないと、上司の情熱的な語りかけもすべて水泡《すいほう》に帰《き》す。話を熱心に聞けば聞くほど、あなたは自然と尊敬される。相手の話に共感を示すということは、相手にとってあなたは、「なんと理解力のある人間なのか!?」と驚かれる効果があるからだ。

ラポールが築ければ、仕事を頼んでも「この人の言うことなら頑張ろう」という基礎的感情が生まれる。ラポールを築かず仕事を頼んだり任せたりすると、部下はイヤイヤ仕事をするようになる。まず、部下の心のコップをラポールでなみなみと満たしてあげることが肝要だ。ラポールの形成に成功すると後の指導がとても楽になる。

これらの「聞く」会話は、新人が部署に配属されたての頃には、会社の建物を案内しながら、歩きながらでも構わない。ちょっとコーヒーをすすりながらでも構わない。最初の懇親会で酒を飲みながらでも構わない。仕事の合間合間で交わす会話でも構わない。あまり肩ひじ張らずに話す場面が好都合だ。

自分から話しかけなくても挨拶をしてくれる、無理に話させようとしなくても向こうから言葉が出てくるようなら、ラポールはうまく形成できたと言える。一、二週間もすればラポールの形成はおおよそ可能だろう。

ところで、相手の話を聞いているうち、会話が盛り上がりすぎて話の切り上げ方に困る人もいるかもしれない。そういう場合は、話を切り上げやすいように、決められた休憩時間に話すようにするか、別室に歩いて移動するまでの時間とか、話を切り上げやすい場面で話をするようにしたらよいだろう。

切り上げる際には、手をパンと叩いて「よっしゃ、仕事に戻ろうか!」と声をかけ、席を立つと、スムーズに話を打ち切って、仕事に戻れるようになる。

また、こういう雑談の時に仕事に関係のないプライベートな話をしすぎると、上司と部下の人間関係がダレたり、部下が仕事とプライベートの境目を混同してしまい職場に規律がなくなったりしてしまうこともあるかもしれない。きちんとメリハリをつけるには、「仕事の顔」と「プライベートの顔」を分けるとよいだろう。

休憩時間には打ち明け話をする間柄でも、仕事になると「さて、仕事の話だけど」と、まじめに話すモードに切り替える。上司のまとう空気が変わると、部下も気持ちを切り替えやすくなる。

部下にやりたいことがあると思うなかれ

上司であるあなたは平社員の頃、アグレッシブで、自分のやりたいように仕事をしたいという情熱であふれていたのかもしれない。だから部下にも自分と同様、やりたい仕事を存分にやらせてあげよう、と考えているかもしれない。

私の知っている事例で、こんなことがあった。大学を出たての若者に「何をしてもいいよ。何かビジネスを始めて」と、どんな仕事をするのかさえ、全部一任した。その若者は悩みに悩んだ挙句、精神を病んでしまった。

若い人の多くは、自分が何をやりたいのかさえはっきりしていない。就職活動の面接では「御社でこんなことがしたいです」と口にしていたとしても、それは就職に有利だから口から出任せを言ってみただけのことも多い。そもそも、仕事って何をするのか、それさえも分かっていないのだ。そりゃそうだ、働いたことがないんだから。仕方のないことだ。

だから、自主性を重んじて仕事を任せようにも、自主的に動けるほどの技能がない。知識もない。何が面白い仕事で何が面白くない仕事なのかさえ見分けがつかない。右も左も分からない状態から若い人は仕事を始めるのだから、自分に合っている仕事なのかも見当がつかない。本人が見当つかないのだから、「好きなことをしていいよ」と言われても悩んでしまう。

だから「本人のやりたい仕事をやらせてあげる」は、仕事というものを知らない新人にはむしろ酷《こく》なことが多い。当面の間は無理だ。まずは仕事の基本を憶えてもらうだけで3年くらいはかかってしまう。しかもその間に憶えなければならない仕事の多くは、単純で地味で繰り返しの多い仕事だ。それを嫌がらずにやり遂げることは、何かしらを成し遂げる基礎体力になる。もしそれらを習得する前に退職されたら、せっかく育てかけた貴重な人材を失ってしまうことになる。

では、「仕事を憶える」という、比較的つまらないことに見える業務に、意欲的に取り組んでもらうにはどうしたらよいだろうか。それは「工夫」だと私は考える。単純に見える作業でも、工夫の余地はたくさんある。工夫を発見する喜びを部下に感じてもらうとよいだろう。

私の身の回りで起きた面白い事例を紹介しよう。

父がプラスチックの成型工場へアルバイトに行っていた時のこと。ベルトコンベアで流れてくるプラスチックの部品を手に取って、ニッパーでパチンパチンと切り取り、箱に入れるだけの単純作業。しかしライン1つを担当するだけで結構大変。

隣のおじいちゃんはライン2つを鼻歌まじりで作業している。きっととても楽な部品を担当させてもらっているに違いない。新人の自分にこんな大変なラインを押し付けやがって。「そっちと交代してください」と父が申し出ると、そのおじいちゃんはニヤッと笑って「いいよ」と交代してくれた。

そうしたら2倍どころではない忙しさ。非常ボタンを押して作業を止めざるを得なくなった。父は「なんでそんなに楽々と作業ができたんですか」とそのおじいちゃんに尋ねた。「あんたは聞いてくるから教えるけどな」と言いながら、コツを教えてくれたという。

「あんた、右利きやね。左手で製品をつかんで、ニッパーを持つ右手でモタモタと製品の向きをひっくり返し、もう一度左手で持ち替えてからニッパーで切っているだろう。それをね、右手の小指で製品を引っかけてそのままひっくり返し、左手で握ってごらん。持ち替える作業が3つだったのが、2つに減るだろう。それと、あんたは隣のレーンに体の向きを変える際、3歩も歩いている。ちょっと不自然かもしれないが、左足を後ろに引いて体の向きを変えてごらん。すると2歩で済む。こうした工夫を重ねると、一連の作業で数秒節約できる」

そのアドバイスに従って工夫すると、作業がとても楽になったという。

単純に見える作業の中にも工夫の余地がある。工夫し、改善することは仕事をする人に達成感を与え、さらに工夫を重ねようという意欲を生み出せる。

だから上司のあなたも、「単純作業だからつまらないだろう」と決めつけないで、「単純作業でも工夫を見つける楽しみがある」と考え、「工夫を見つけるゲーム」として部下に取り組んでもらおう。

逆に言えば、どんな仕事でも「工夫発見ゲーム」が可能なのだから、無理して部下が好きそうな仕事を探さなければなんて強迫観念を持つ必要はない。

コピーを取るのも、お茶を入れるのも、雑巾で拭くのも、タイプするのも、何かしらの工夫の余地がある。工夫の発見を部下にやってもらおう。それを促すために、部下がルーチンワークをつまらなそうにしていたら「何か工夫できるところないかな?」と尋ねよう。

業務が改善されるような工夫を部下が発見した時にはすかさず、「面白いねえ」「よく気がついたねえ」と感心しよう。工夫を面白がろう。すると、もっと工夫を重ねてやろう、と火がつくだろう。単純なことに見える作業も発見の連続になる。そうなれば、どんな業務もそれなりに楽しんで取り組めるものだ。

そうして、仕事の基本的な技術を一通り学んでもらおう。

朝のミーティングでは何をすると効果的か？

出社したタイミングで最初のうちは毎日、短くてよいから10分ほどのミーティングの時間を設けるとよいだろう。ミーティング初日は雑談でも構わない。それこそラポールを築くよい機会だ。

2日目以降は、ミーティングの初めに「昨日、何をしたか憶えている？」「なんのためか分かる？」と、前日のことを質問し、説明してもらおう。毎日聞かれると分かっていると、常に答えられるように準備しておこうと考えるクセがつく。

その後、今日の仕事の概略を説明する。あまり長々話をしても仕方ないので説明は数分で済ませてしまう。そうして今日の予定の仕事について「なぜこうするのか、分かる？」と尋ねるようにしよう。「疑問に思わない」新人は、「この仕事はこういうもんなんだろう」としか思わず、思考を停止させている。だから、いざ聞かれるとドギマギしてしまう。そして大概「分かりません、教えてください」で済まそうとするだろう。

しかしそこでもう一歩踏み込んで「分からなくて当然、新人なんだから。あてずっぽうでいいから言ってごらん」と、何かを言うまで待つと、新人は何か答えざるを得なくなる。答えが出なくても「じゃあ、実際にやっている中でどうしてだかを考えてみてね」と言えば、業務への観察力が向上する。

本当にデタラメな意見が出てもバカにせず、「面白いこと言うねえ」と前向きな表現で受けとめ、今日行う業務の周辺情報を「一般的にはこの仕事はこういう意味で理解されているんだけどね」といった感じで与えたうえで、「だとすると、今日の作業の意味は？」と尋ねるようにしよう。間違ってもいいから「こうではないか」と仮説を立てては説明するという習慣を、ミーティングで身に付けてもらう。

不思議なことに、仮説を立てるようになると、物事の洞察力《どうさつりょく》が深まる。

慣れてきたら簡単な説明もはしょって、「今日は何をすると思う？」と水を向けてみるのもいいだろう。これを繰り返すと、これまでの作業から類推して次の仕事を予想する、仮説的思考ができるようになっていく。

部下は複数人いることも多いだろう。その場合は週に一度ずつでも構わないから一人一人と短めのミーティングを行うようにしよう。一人一人をきちんと見ようとしている、ということを感じてもらうのは、大切なことだ。

今日の仕事の段取りが部下の頭に入ったと見えたら、ミーティング終了時に「よし、じゃあやってみよう。分からないこと、不安なことがあったら聞いてくれ」と声をかけ、一日の仕事に取り掛かってもらおう。

そうしたらいよいよ第3章でお伝えした指導法を実践し、様々な業務を憶えていってもらうことになる。

新人の頃から身に付けたいある習慣

何か気がついたことがあったらメモを取る。これは新人の頃から習慣として身に付けてもらうべきだ。私は胸ポケットに収まる手帳を愛用している。なんでも気がついたことがあったらメモ帳に時系列で書くようにしている。

面白いことに、書いた内容は忘れていても「何か書いた」ことは憶えている。私は中学3年生の頃からずっと続けている。今思えば、メモを取り続けてきたから、物分かりの悪い私でもいくらか物事を整理して理解できるようになったのかもしれない。

何をメモすべきか迷う人も多いだろうが、何を書いても構わないのがメモだ。「今日はなんだかウキウキする」「今朝はなぜか気が重い」どんなことでも構わない。なんでも気がついたことを書くのがメモだ。部下には、メモ魔になれと言えばよい。

メモを取っていないと、1年前の仕事を思い出してもらおうとしてもほぼ不可能だ。完全に忘れてしまう。メモを取るクセは、仕事をしていくうえでどうしても必要だ。

メモを取るクセを身に付けてもらおうと思ったら、同行している時に「これ、メモしておいて」と頼んでおく。終業間際や翌日のミーティングで「あれ、メモしてもらったの、なんだっけ」と、メモの確認を促すとよいだろう。メモするクセが自然につく。

休憩時間に、部下と何を話すべきか?

部下にはいつ休憩してもらえばいいか迷う人もいるかもしれない。仕事の内容にもよるが、昼食をとる昼休みと、午後3時くらいのお茶の時間に休憩が取れるとまずはよいだろう。労働基準法では8時間を超える勤務で1時間以上の休憩が義務付けられている。

それとは別に、トイレ休憩も頭に入れておく必要がある。上司が熱心に指導してくれているのに、部下からは「トイレに行きたいです」というのは、よほどでないと言い出しにくい。当たり前のことだが、つい指導に熱が入ると忘れてしまいがちなので、気をつけたい。

なので、部下が来た初日に、例えば「休憩は12時~13時までの1時間のお昼休みと、後は3時に15分ほどの休憩があります。その時間は、私に断らなくてもいいので、お茶を飲むなり雑誌を読むなり、好きに休んでください。つい指導に熱が入ってトイレ休憩を私が入れずにいたら、恥ずかしいかもしれないけれど、『ちょっと休ませてください』と言ってね」と伝えよう。

教えてもらうばかりの新人の間は、上司のあなたが思う以上に緊張を強いられている。1時間以上緊張して話を聞くと、疲れきってしまう。集中力が切れてしまう前に、余裕を見て「ちょっと一息入れようか」と、お茶を飲んでくつろぐのもよい。

新人の指導は一度に1時間程度、長くて2時間程度で休憩を入れるようにしよう。「10分ほど休憩しよう。お茶でもコーヒーでも、好きなものを飲んで適当に休んで」

お茶やコーヒーは、部下も自分で気軽に飲めるように準備しておきたい。部下に自分の机があるのならそこで休憩できるからよいが、もしそれがないなら、どこだと休憩することができるかも教えておこう。部下と語らいながら休憩してもよいが、新人の場合はずっと上司と話していると、緊張を切ることができない。少なくとも一日に1回は、一人になれる時間を用意してあげよう。

休憩時間での会話は、仕事上の上司と部下の関係をちょっと離れて、裃《かみしも》を脱いで話せる大事な機会でもある。

仕事をしている中で部下の表情を見ていたら、どうも納得していない様子だとか、戸惑っている様子などが見える瞬間があるだろう。「ちょっと一息入れようか」と声をかけて一緒にコーヒーでもすすりながら、「あの時、どう思ったの?」と質問する形で確認してみるとよいだろう。「へえ」「ほう」「ああ、そうだったんだ」「どういうこと?」と話を面白がって聞くと、つられていろんな話をしてくれるようになる。

このように休憩時間は、自分が話すよりもなるべく話を聞くようにしたほうが面白い。聞き役に徹すると、自分が話すばかりの時には決して聞けないような本音を聞くことができる。本音が見えれば、それまでどう接すればいいか分からなかった場合でも、見当がつくようになる。仕事にどの程度の理解が進んでいるかも把握でき、どういうことが好みなのかもつかむことができる。

変にお説教をくらわすと以後、黙ってしまって情報が取れなくなってしまう。それはもったいない。情報収集の重要な機会だと思って、聞く姿勢でいたほうがよい。

話を促すには、ただ相槌を打つだけでなく、「それで?」や「というと?」「つまり?」などと質問するほうがよい。質問すると、相手は「なぜそう考えたのか」理由を考え、分かりやすく説明する必要がある。それが話す能力を引き出すことにもつながる。分かりにくい説明の時は「どういうこと?」と、説明の工夫を促す。

休憩時間でのおしゃべりは新しいアイディアを思いつく大事なイノベーションの場でもある。「これ、どうしたらいいかなあ」会議室では黙ってしまうようなことでも、茶菓子をつまみながらの気楽な空間だと、ジョークのつもりになっていろんな意見を出しやすい。

ちょっとふざけた意見も吐き出しやすい茶飲み話だと、意見が否定されないから、どんどんいろんな角度から意見が出てくる。そのうち、これまでにない発想が出てくることも多い。産婆術はこうした気軽な時間こそ試しておきたい。

できる限り突飛な発想をしてもらうよう、「エイッと魔法のように簡単に解決できる、超意外な方法ないかなあ」と質問で促し、ハチャメチャな発想を楽しみながら時間を過ごすとよいだろう。

出てきたアイディアをもとにして、また新たな質問をすると、思考がどんどん広がる。休憩時間のハチャメチャな発想は、きちんとしたミーティングでの話し合いにも、まじめな装いをまとって、現実的なアイディアとして再生することも多い。

部下との飲み会でも基本は同じだ。相手の話を聞き、どんどん信頼を深める場にしよう。飲み会は相手も無理せずに参加できる程度の頻度にし、家庭の事情で夜の参加が難しい場合は、昼食会でも構わない。ラポールを形成し、思考を柔軟にする機会として、休憩時間や飲み会を利用するとよいだろう。

上司がサボるために部下がいるのではない

これは第2章でも指摘したことだが、上司とは、部下に仕事をしてもらってサボれる立場だと思っている人がいるかもしれない。

そんな人は、鵜飼《うかい》は鵜に魚を採らせて、人間はクビに引っかけた紐を握るだけ、と思っていないだろうか。そんな考えだと、部下たちから「いなくていい上司」とみなされても仕方ない。

現実には、鵜飼は鵜に負けないくらいに働く。鵜の普段のエサは鵜飼が与える。住処もきちんと配慮しなければならない。鵜のために鵜飼が働いているのか、鵜飼のために鵜が働いているのか、どちらが主人なのか、見方によっては分からない。

扇《おうぎ》の要《かなめ》は風を送るのになんの役にも立たないが、扇の広がりを支える重要な軸の役割を果たしている。指揮者は楽器を一つも奏《かな》でないが、様々な楽器の演奏をハーモニーに持っていく重要な役割を果たしている。ちっとも遊んでいない。これと同じで上司とは、部下に働いてもらうのが仕事だ。部下に働いてもらうには、部下が気持ちよく働ける環境を提供する必要がある。とてもサボれるものではない。

もしあなたが「部下の働きやすい環境づくり」という上司の仕事を放棄したら、あなたの束ねる部局はひどく成果が出ないことになるだろう。働くことが気持ちよいと感じられる職場環境を作れるかどうかは、上司であるあなた次第だ。あなたは重要な使命を帯びていることを、忘れないでほしい。

忙しすぎて教えられない時は、どうする?

新人が部下として配属されてきたのに、当面やってもらう仕事がなくて部下を手持無沙汰にしてしまうことがあるかもしれない。非常に難しい案件が山のように来て、新人にはとても任せられない仕事ばかりの時、自分が仕事をこなすだけで精いっぱいで、新人を指導する時間も取れないなどということがあるかもしれない。

私も忙しすぎて、新しいスタッフに仕事を教えようにも教える時間を確保できなくて困ったことがある。そんな時は「仕事を教えられなくて申し訳ない！　仕事が落ち着いたらきちんと教えるから、申し訳ないけどそれまで待っていて」と素直に謝る。

といっても、ただ何もせず待っていてもらうわけにもいかないので、本棚の整理や業界に関係しそうな新聞記事の切り抜き、部屋の掃除や資料の整理、コピー、お茶くみ、等々、「本来業務でなくて申し訳ないんだけども」と、とりあえずやってもらって無駄にならない何かしらの仕事をしてもらっておくしか仕方がないことがある。

そんな場合は、上司がすさまじく忙しそうなのは新人の目からも明らかだから、「仕方がない」と思ってもらえる。ただ、「ごめん！　今日も無理！　なんとか教える時間を設けるから、もうちょっと待ってね！」と声をかけ続けるしかない。

教える時間が取れるようになったら「お待たせして申し訳ない」と詫びて、きちんと向き合うことが必要だ。

ただ、事前にそうなることが予想されているなら、まだ余裕があるうちに新人にやってもらう仕事を準備しておいたほうがよい。新人はそれなりに緊張して新しい職場に来ているのだから、その緊張した気持ちに報いるものがないと申し訳ない。新人が来てから大慌てしないよう、あらかじめ思考実験を繰り返すことをお勧めする。「新人が来る頃にはかなり忙しそうだな。だったら今のうちから、頼んでおくとよさそうな仕事を探して準備しておくか」。実際に新人が来たら、それをポンと渡せるようにしておこう。

「職場にいた時間」ではなく「職場で何をしたか」

上司になりたての人は、部下にどの程度働いてもらってよいか迷っている人もいるかもしれない。実際のところ、何時まで働いてもらってよいものだろうか？　答えは「ちゃんと労働基準法を守れ」「雇用契約を守れ」だ。

上司のあなたがかなり働きすぎなワーカホリック人間だとしても、部下に同じ仕事量を求めてはいけない。部下には部下の事情があり、生活がある。仕事はあくまで生活のためにしているだけのことで、生活を犠牲《ぎせい》にする義務まで部下は負っていない。仕事のせいで生活が犠牲になるなんて、本末転倒だ。

もし生活を犠牲にすることになったら、それこそ仕事への意欲を失ってしまう。

しかし、働き者が上司になるとしばしば、部下にも同じ業務量を求めてしまう。新人は通常、技能が上司より劣っているから、上司よりも長時間働かないと追いつかないことになる。上司と同じ仕事量を前提にしてしまうと、部下はいつまでたっても家に帰れず、なんのために仕事をしているのか分からなくなり、いつ離職しても不思議ではなくなる。

もちろん、仕事はいつも定時で帰れるものとは限らない。定時で帰ることが絶対化してしまうと、非常に重要な案件を吹き飛ばしてしまう事態に陥ってしまうかもしれない。仕事に穴を開けないようにするためには、部下が仕事をきちんと「自分事」として捉えることができるようにすることだ。

もしあなたが細々と指示を出して、指示通りにしないことを怒る上司だとすると、部下は自分事として仕事を捉えられない。「上司に命令されてイヤイヤやる仕事」になってしまう。気持ちとしてはとても受け身のものになり、自分事として捉えられなくなる。「君はこれをどうしたらいいと思う?」「これについてどう思う?」と、部下の意見を促し、尊重する。普段その姿勢が上司にあると、部下は自分の意見が通った仕事として愛着を持ち、自分事として捉えられるようになる。

そうした場合、責任を持って仕事を終えるように努力するだろう。もし家庭の事情でどうしても定時に帰る必要があったとしても、上司のあなたに「ここまではなんとか自分でやったのですが、どうしてもこの先ができませんでした。この部分だけ補ってもらえないでしょうか」ときちんと引き継ぎができるように努力するだろう。自分でできることはできる限り自分でこなそう、という努力をするだろう。

大事なのは「何時間職場にいるか」ではない。「職場で何をしたか」だ。

仕事を自分事として捉え、就業時間内で必死に終わらせようとしているなら、定時で毎日帰ろうとなんの差し支えもない。責任を持って仕事をする部下になっているかどうかが大事だ。

「上司の目を恐れて職場にただ座っている部下」を育てていたら、それは上司としてちょっと考え直す必要がある。

残業してもらわざるを得ない時はどうしたらいいか？

こうした見出しをつけてはみたものの、まずは部下に残業をお願いせずに済む仕事の設計がなされるべきだと私は考えている。残業すれば当然ながら疲れてしまい、疲れれば意欲が減退し、中長期的にパフォーマンスが落ちてしまう。余力を常に確保することを上司として意識しておかないと、部下の意欲を高く保ち、高いパフォーマンスを維持することは難しい。残業は極力避けられるべきだろう。

労働基準法が労働時間を週40時間までと定めているのにはそれなりの合理的な理由がある。

自動車の大量生産販売で先鞭《せんべん》をつけたヘンリー・フォードは、1926年に週40時間労働制を採用している。この時、全米製造協会からこの取り組みは激しく非難されたという。

世間を納得させるため、表向きの理由としては、労働時間を短くすることは消費のための時間を増やし、経済を活性化することができると主張したらしい。だが、実際には、12年にも及ぶ実験の結果、一日の労働時間を10時間から8時間に、週6日労働を5日労働に減らすことで労働者の総生産量が増え、生産コストが下がることを発見していたからだという。この話は『いつも「時間がない」あなたに―欠乏の行動経済学』（センディル・ムッライナタン、エルダー・シャフィール著）で紹介されているものだ。

フォード社がこの労働時間を採用したのはもう1世紀近くも前だが、私にはとても納得のいく話のように思う。長時間労働をすれば、今の仕事を終了させることはできるかもしれない。しかしそのしわ寄せが必ず後日に現れ、疲労がたまり、意欲は減退し、全体でのパフォーマンスが下がってしまう。週40時間の労働というのは、「高い意欲」を持続可能なものにするためにも、重要な経験則といえるのではないだろうか。

さて、そのような前提条件があることを踏まえたうえで、どうやって残業をお願いするか、という話を考えてみる。なにせ日本では、どうしても残業をお願いしなければならない実態が厳然としてあるためだ（しかし可能であれば、残業はなるべく回避するよう努力していただきたい）。

残業といっても、部下に任せた仕事と、上司の仕事あるいは部局全体の仕事を手伝ってもらう場合とで話が違う。

部下に任せた仕事は、「自分事」として認識してもらっているはずのものだ。責任を果たそうにもどうしても時間が足らず、残業せざるを得ないのかもしれない。その場合は上司として「責任を感じているのは分かるけど、無理をしないようにね」と、苦労をねぎらいつつも、長時間労働に結果的になって申し訳ない、ということを伝えるべきだろう。「あんまり頑張りすぎないように」と声をかけられると、「俺って、そんなに頑張っているように見えているのか」と、ちょっとうれしくなる。そうすると、責任を全うしたいという気持ちが強くなる。なるべく就業時間内にテキパキと仕事を終わらせよう、という気持ちも強くなる。

逆に、「これはお前の仕事なんだから、何時間残業しようとちゃんと終わらせろよ」という声のかけ方・接し方をすると、「いや、上司のあんたが振った仕事だし。こんなに時間がかかることを見越していないあんたの責任だし。あーあ、やんなっちゃったなあ。集中して仕事するのもバカくさい。長時間残業して、残業代でもせしめるか」という心理になりやすくなる。声のかけ方一つで、上司がどのように考え、どういうつもりで部下と接しているのかがバレてしまう。

もう一方の、上司の仕事、あるいは部局全体の仕事を分担してもらわざるを得なくなった場合の残業は、いくら残業代がつく（日本はサービス残業が多いが）といっても部下にとってはボランティアをするような気分だ。

上司が部下以上に仕事を引き受け、しかし自分だけではどうしようもない分だけ、「申し訳ないけどこれだけ担当してもらえないだろうか」と頼む形だと、「お役に立てるなら」とやってくれるだろう。命令だとイヤイヤ仕事になるが、頼まれごとになると「仕方ないなあ」とちょっと得意げな気分になる。

この時、上司がろくに仕事を引き受けず、部下に仕事を押し付けるようなら、残業してもその効率はひどく悪いものになるだろう。イヤイヤ仕事は意欲が湧かないから、長時間取り組んでもちっとも進まない。上司である自分もしっかり仕事をしていないと、残業なんてそうそう頼めるものではない。

だからもし部下にどうしても残業をお願いせざるを得ないのなら、それによって後日の意欲を損なってしまう「バーター（交換）取引」だと考えなければならない。疲れて意欲を損なった分、仕事を減らしたり、ボケーっとする時間を許容するなど、意欲を回復させるための「犠牲」をささげることになる。

言うまでもないが、意欲は「自分の頭で考え、行動する」ための前提になるものだ。仕事に疲れてしまい、意欲を失えば、自分の頭で考えようともしなければ、行動しようともしなくなる。指示が下されるまではグッタリしていたくなる。

指示待ち人間になる大きな原因の一つは、意欲を失うことだ。自分の頭で考え行動する部下になってほしいのならば、上司は意欲を最大化することに努める必要がある。残業は、意欲を損なう大きな原因になりかねないので、要注意だ。

そのうえで、やむなく残業を頼んだときは、「ごめんね、お詫びのしるし」と、せめて缶コーヒーの一本でも差し入れておきたい。ちょっとした気遣いがあるかどうかで、部下のモチベーションは違ってくる。

業務時間・残業に関するそもそもの考え方

集中力の源になる「意欲」は、様々な条件をバランスよく整え、メンタルを安定した状態にしておかないと、高く維持できないものだ。

パフォーマンスの最大化、を考えるうえでうってつけの歴史的事例を一つ紹介しておきたい。ロバート・オウエンというイギリスの事業家で社会改革も推し進めた人物についてだ。

当時はイギリスで産業革命が起き、工業生産が盛んになっていた頃。労働者は非常に低賃金で12時間労働を強いられており、工場のそばにある店には粗悪な食材しか用意されておらず、しかも高値で売られていて、人々はギリギリの生活を余儀なくされていた。当時の経営者たちは、労働者をいかに安く、いかに長時間働かせるかということばかり考えていた。賃金をコストと考え、それが利益を最大化すると考えていたからだ。

ところがロバート・オウエンは、当時の常識とは全く逆の経営を始めた。

生活に十分な給与を与え、労働時間を短くし、技能向上に意欲的になるような様々な仕掛け（それぞれの持ち場に能力別に色札を提げておき、技能の高い技術者をまねたくなるように仕向けるなど）を凝らし、工場に備え付けの店では生活必需品を安く提供して、人々が生活を楽しむ余裕を持てるようにした。オウエンは、働く人の意欲を高める諸条件を用意したのだ。

やがてオウエンの工場は、世界一の品質の糸を製造するとして高く評価され、生産量もどんどん上がり、経営で大成功をおさめた。このため、イギリスの工場主の見学が引きも切らなかった。

イギリスでその後、工場法が制定され、不十分とはいえ長時間労働が改められたのは、オウエンによる逆説的な経営が、誰も文句が言えないほどの成功を見せたからに他ならない。

近年の日本は、一人当たりの労働生産性が低下していると言われている。詳しい分析は専門家に委ねざるを得ないが、私は長時間労働もその要因の一つではないかと懸念している。日本はバブル崩壊後の経済低迷から、新規の採用をずっと見送り続け、業務は減らないのに人手が減るという労働環境に変化していった。残業が当たり前となった職場では、働く人々が疲弊《ひへい》し、意欲を失い、自主的に動くだけの気力を失ったとしても不思議ではない。

仕事のパフォーマンスを最大化するには、意欲を高く維持する必要がある。仕事が楽しい、苦にならない、という精神状態を維持する必要がある。意欲をどうやって高めるかはこれまでにも述べてきたが、上司として心がけるべきは、部下の意欲をどうやって最大化するか、ということだともいえる。

私の場合、スタッフや学生さんが今日は早めに帰りたい、あるいは用事があって休ませてほしい、という場合は、その通りにしてもらっている。特に何も言わない。普段から高い意欲で働いてくれているのだから、休んでもらって当然だと考えている。

もし休むこと、早退することを禁止したらどうなるだろう。どうしても休みたいのに休めない。その不満が意欲を損なう。長時間働いても身が入らないから効率が悪い。長く残業をしてもダラダラ仕事で、一向に終わらない。意欲を失っているから、自分の頭で考え行動するという気力も湧かない。指示されれば仕方なく働くが、そうでないならなるべくサボろう、という指示待ち人間ができ上がる。

普段から高い意欲で働いてくれている人は、早退や休暇の影響をきちんと計算に入れたうえで働いている。同じ職場のみんなに迷惑をかける恐れがあることも分かっている。自分の頭で考え、行動している人間が考えたうえで早退したり休暇を取っているのだから、任せればよい。

勤務時間の長さという外形的なものに上司は囚われてはいけないように私は思う。それより仕事への意欲の高さをバロメーターにしたほうがよいだろう。意欲を最大化することができれば、勤務時間内に目いっぱいの仕事をしてくれる。

ここまで読んだ人の中には「働きも悪いのに早めに帰らせたら仕事にならない」と考える人がいるかもしれない。しかしそれは、そもそも意欲を高めることに成功していないから起きることだ。

働きが悪いなら、まず間違いなく意欲を失っている。仕事が楽しいと感じ、仕事を自分事だと受けとめ、この仕事をぜひ自分の力で成し遂げたい、と思えるほどに意欲が高ければ、そもそも働きがよくなるに決まっている。

労働時間という外形的なものに囚《とら》われず、いかに意欲を高く持ってもらうか。部下の意欲を最大化させることに上司として意を砕く必要がある。

話が長くなってしまったが、具体的には、勤務時間は上司のあなたとミーティングの時間を取ることが可能なコアタイム（職種にもよるだろうが、例えば朝8時半から午後5時半前後）を基本にするのがよいだろう。

家庭の事情などで部下が早退したり休みを取らざるを得ないということがあるだろう。それらはなるべく文句を言わずに許容するようにしたい。そのほうが結果的に「その分しっかり働こう」と思ってもらえるようになるからだ。もちろん、突発的でやむを得ない事情でない限り、休暇の連絡・相談は早めにしてもらうよう、伝えておこう。

上司のあなたは、部下の勤務時間の長短に気を取られるより、部下が意欲を持って仕事に取り組める環境のほうに気を配ろう。部下の意欲を最大化することに専念すれば、労働時間は部下のほうで最適な長さを図ってくれるようになるはずだ。

業務日誌の書き方

そうやって一日部下と向き合い、終業間際20分前になったら10分ほどの時間を取って、業務日誌を取るようにするのもよい。今日取り組んだ業務を一通りまとめてノートに書いてもらうとよい。その後、10分ほどでミーティングするとよいだろう。

具体的に業務日誌に何を書くかは、次ページに実際のある日の業務日誌を掲載したので、ご参照いただきたい。

私のように研究をしている人間の場合は、それが「実験ノート」と呼ばれるものになるのだが、これは他の職業でもぜひやってみられるとよいように思う。

業務日誌の書き方の例

① その日の日付を書く
② その日の1番目の業務には【01】(2番目には【02】)とふり、業務の概要が分かるタイトルをつける

2016年9月19日
01.テレアポ
広告出稿してくれる企業探索。飛び込みの電話とアポ取り
30件電話。代表番号への営業の電話は切られる。広告の担当者っぽい人をネットで下調べ、直接電話する。今日はアポ1件。

02.A社へ新規営業
インターネット広告を出稿してもらう
アポ取り成功。一度目の訪問。事前にその会社の広告について下調べ。ニーズを探った。○日、広告プラン持参予定。

③ その業務の目的を簡単に書く
④ その日に行った業務を、後日再現できる程度には詳しく、しかし簡潔にメモしておく

2016年9月20日
01.A社へ広告プラン持参(160919-02)
次のアポ用広告のリスト作成。

02.B社への新規営業(160910-01)(160917-02)
「最初のアポ取り」「1回目の面談でのニーズ調査」「2回目の面談での具体的提案」に成功したが、『上長が話を聞きたいと言っているので会ってもらえますか?』という話が出たので、上長さんに会いに3回目の面談。最初に上長さんのこれまでの広告出稿経験について詳しく聴取。再度弊社が扱える広告の説明。「検討して後日連絡する」とのこと。

⑤ タイトルの後ろに、前回の関連する業務を日付と番号で記載
(例えば【2016年9月19日の2番目にやった業務】=【160919-02】)
⑥ この業務を開始した日と番号を記載
(例えば【2016年9月17日の2番目にやったのがこの業務の最初】=【160917-02】)

【その他の注意点】パソコンなどで作成したデータがあれば、プリントアウトしてノートに貼り付け。データのファイル名にノートと同じ日付を入れると、データをパソコンから引っ張り出す時に便利。

最初に「読み返せば同じ仕事を再現できるように、退勤前に業務日誌を書いてもらうよ」と伝えて、毎日業務日誌を書いてもらうことにしよう。

新人は、自分が日誌に書いたことも忘れているかもしれない。しかし業務日誌を欠かさず書いてさえいれば、上司であるあなたが「○月頃にやった仕事なんだけど、どうやるのか憶えてる？　その頃の業務日誌を読み返してごらん」と言えば、仕事の概要が書いてある。それを読み返しさえすれば、もう一度同じ仕事ができるはずだ。すなわち、その日の業務のやり方を書き留める業務日誌を取っていれば、仕事の憶えは早くなるはずだ。

業務日誌の書き方も、書きながら憶えてもらう必要がある。内容のあちこちに書き損じがあって、後で読んでもその日に何をしたのかさっぱり分からない、となっては困る。

私の場合、「こないだやった業務をもう一度やってもらおうと思うんだけど、どうやるんだったか、僕に説明できる？」と質問してみる。業務日誌に必要十分なことが書いてあるなら大丈夫だが、たいてい「これは書かなくても憶えているからいいや」と勝手に判断して書いていないことが多い。「ん？　あれはどうなっていたっけ？」「ここところの間、何か抜けてない？」と質問する形で穴を指摘する。すると、何をどこまで書かなければいけないものなのか、コツがだんだんとつかめてくる。

新人に「業務日誌を毎日書いて」と伝えておいても、書く習慣を持たない人はすぐに三日坊主になってしまう。それを防ぎ、毎日ちゃんと書いてもらうようにするためには、朝のミーティングの際に「昨日は何をしたか、説明してもらえる?」と質問するとよいだろう。答えるためには業務日誌をきちんと取っておくしかなくなるからだ。

前にやったことのある業務を再現できるよう、上司である自分に説明してもらう。これを何度も繰り返すと、業務日誌に書き留めるべき情報というのがつかめるようになってくる。業務日誌をめぐるこうしたやり取りは、仕事の要点をつかんでもらうのにも役に立つ。

退社前に確認すべきこと

業務日誌を書き終わった退社前の10分ほど時間を取ってミーティングをもつとよいだろう。

「新人なんだから分からないことがあるのは当たり前。退社時のミーティングでその日の仕事で分からなかったことがあったか聞くから、一つや二つは質問を用意しておいてね」とあらかじめ伝えておく。

そのうえで、退社時のミーティングでは用意してもらった質問に答えたり、逆に「今日、こんなことがあっただろ。あれ、どう思った？」など、こちらから質問して思考を刺激する。

翌朝、業務日誌を見ながら「昨日やった仕事、あれ、なぜああしたのか分かる？」と一つや二つ、仮説を立てるように仕向けよう。「なぜ」を投げかけ、あてずっぽうでもいいから「こうではないか」と仮説を立ててもらう。分からないことがあれば、考える材料を提供し、質問に答えてもらいやすくするのもよい。

「特にありません」という残念な答えの場合は、「じゃあ、あの時のこれってどうしてだか分かる？」と、分かっていなさそうなところをわざとつついてみるのもよいだろう。質問を用意しておかないとむしろドギマギする羽目に陥ることが分かれば、質問に答えられるように、業務日誌の書き方を工夫するようになるだろう。

業務日誌があると、仮説的思考を身に付けてもらいやすい。過去の仕事を振り返りながら「これ、別の方法でやってみるとしたら、どんな方法があり得るだろう?」などと、仮説を立ててもらいやすくなる。

仮説を立てることは、観察力、洞察力を磨くうえでとても有効だ。例えば「あのお客さんはこういうラインナップの商品がお気に入りかもしれない」という仮説を立てれば、どんなカタログを持参すればいいのかが明確になる。実際にそのカタログを持参した時のお客さんの反応も子細《しさい》に観察するようになる。それほど心が動いていないと見えれば、お客さんは別の嗜好《しこう》を持っているという新たな「仮説」にたどり着き、新たな検証に移ることができる。こうして仮説の精度が上がっていく。

仮説を立てるというのは、実験科学で常識となっている非常に強力な方法だが、実社会でも非常に役立つものだ。

もし上司との対話を嫌がる部下だったら

こうして、朝夕のミーティングで仮説的思考を身に付けてもらいたいわけだけども、どうしたわけか、上司との対話を嫌がる部下もいるかもしれない。そういう時はどうしたらよいだろう。

感情的にこじれてしまっている場合は、少々難しい。人間は、自分がバカにしたり嫌悪したりしている人の話を聞こうとしなくなってしまうからだ。その場合は一度関係をリセットしたほうがよいかもしれない。しかし幸いに、感情的にこじれてしまう前で済んでいるなら、やりようがある（こじれる前にしっかり相手の話を聞いてラポールを築くことを意識してほしい）。

そんな時にこそ、始業時と終業時の10分ほどのミーティングを活用しよう。

始業時に「最近の仕事の流れは、どうなっていますか？」「今日の仕事はどんな予定ですか？」。

今まで付き合ってきた部下であっても、新たに配属されてきた部下であっても、急に習慣が変わるので、相手も戸惑うだろう。お互いに戸惑いがあるのは承知のうえで、まずはやってみよう。

終業時には「今日の仕事はどうでしたか？」「明日以降の予定は？」。

それを1週間ほど続ければ、少なくともミーティングへの違和感は薄れてくる。

次は「へえ、それ、面白いですね」「そこ、興味あるんですけど、もうちょっと詳しく教えてくれますか」と、説明を面白がりながら少し質問を深めてみよう。「何を聞こうとしているんだ」と変に警戒心を持たれたら困ってしまうので、「面白がりながら」というのが大切。答えてくれたら「なるほど」「またその結果を、後日教えてくれますか」と、興味を持っていることを伝える。

質問が好意的なものであり、揚げ足を取ろうという悪意からのものではないということが伝わったなら、次は「これ、どうしましょうかね。私もどうしたらいいか分からないんですが、何かアイディアありませんか？」と尋ねる体《てい》で、課題解決に進んでいく。課題とは、足踏みしていてなかなか改善が進まない問題のことだ。

この言い方は気をつけないと「お前、この問題に手をつけていないじゃないか！　何をやっているんだ！」と問い詰め口調になってしまう。しかし問題が棚ざらしになっているのは、部下もどうしてよいのか分からなくてお手上げ状態なのだから、責めても仕方がない。

ちょっと変な話をするようだが、「恋人は見つめ合う関係、夫婦は同じ方向を向く関係」という言葉を聞いて、膝を打つ思いをしたことがある。恋人は「俺のほうを見ろよ」という要求があるから「対面型」になるが、夫婦は同じ船に乗って同じ課題を乗り越えなければならない関係だということらしい。

それをもじるなら、部下の怠惰《たいだ》を詰問《きつもん》する形は「対面」、一緒に課題を考える姿勢は「問題に向かって、同じ方向を向いている」形。相手を面と向かって難詰《なんきつ》する形ではなく、同じ課題を一緒に並んで同じ方向を向いて考えよう、という姿勢を示すことが大事。対面か同じ方向を向いているのか、「姿勢の方向」を意識するとよいだろう。

「難しいのは何が原因なんでしょうね。何か気づいたところはありますか？」

一緒に問題を掘り下げる、という姿勢でいると、「こんなことに気がつきました」という意見がポロリポロリと出てくるだろう。「なるほど！　他にもありますか!?」意見をどんどん促し、それぞれの意見に深くうなずくと、意見が言いやすくなるだろう。いい仮説が出てきたら「うまくいくかどうか分からないけれど、この仮説に基づいて、やってみましょうか」と促す。自分の意見が反映された形で方針が決まると、部下は挑戦する意欲が湧いてくる。

たとえ仮説通りにいかなくても、「あれだけ考えてやったことだから、それでもダメなら仕方ない」と互いに思うことができる。しかも今度は部下のほうから「うまくはいきませんでしたが、やってみるうち、こんなことに気がつきました」と、新たな発見を持って帰ってきてくれるようになるだろう。「おお、転んでもただでは起きないね（笑）」と評価すれば、次からも能動的に情報を取ってきてくれるだろう。

一緒の方向を見る。一緒に課題を考える。質問する形で意見を促し、意見に対しては前向きな反応を見せる。その運動を繰り返すことで、次第に対話しようとしない部下から脱却するだろう。

部下から意見・質問が次々に飛び出す3つのアプローチ

こちらから質問することで、疑問を持つことを促そうとしても、質問が出ない。「何か意見ある？」と聞いても「ありません」と答える。それでいて後でやらせてみると、分かっていないことだらけ。「分かっていないなら質問しろよ！」と言っても相変わらず質問が出ない。部下から何かを引き出そうとしても糠《ぬか》に釘《くぎ》。どう手を打ったらよいのか困っている、という人も多いだろう。この問題は結構根深いし、原因別に様々なケースがあるので具体的に考えてみよう。

×　質問をあらかじめ促さなかった

一通り説明を終えてから突然「何か質問はある?」とあなたは聞いていなかっただろうか。こういう場合、新人は虚《きょ》を突かれたように「え? 質問ってしなきゃいけなかったんですか?」と戸惑う。日本の若者はこれまでの学校生活で、質問をするとクラスの中で浮いてしまうから黙っているのが無難、と「学習」している。下手に分からなかったところを質問すると「お前、俺の話を聞いていなかったのか!」と叱られた経験がある人もいる。俺の説明が分かりにくいとでも言うのか、と怒り出す人も世の中にはいる。だから若者がそんな姿勢になるのも無理はない。

叱られるくらいなら黙っておこう、後で理解していないことがバレて叱られることになっても、1回叱られればそれで済む。そんな合理的な判断のもと、「特にありません」と答えてしまう。

◎ 改善例

こうならないよう私の場合、話し始める前に「説明を終えたら、必ず全員に質問してもらうからね。2、3個は質問ネタを用意しておいてね」とあらかじめ伝えておく。そうしておくと、いくつかの副次的効果がある。

質問のネタを探すために話を集中して聞こうとする。理解できる部分とそうでない部分を明確に区別して聞くようになる。分からないことを聞いても失礼にはならないんだ、という裏のメッセージも伝わる。

× こちらの質問がざっくりしすぎている

あなたの質問はざっくりしすぎてはいなかっただろうか。「この問題について、君はどう思う?」などとあいまいな質問をすると、部下はいったい何を答えればいいのか分からない。「なんでもいいよ、意見があったら言って」と促しても、上司が期待するところがどこなのかも分からずに答えたら、ピント外れだと叱られるかもしれないから黙っている。「お前はいつも黙っている」と叱られるかもしれないが、叱られるのは一度で済む。だから「分かりません」というようなフレーズを使って、その場をやりすごすことにしてしまう。

◎ 改善例

「今回の企画、とても面白いと思うのだけれど、いまいち狙いが読む人に伝わりにくい気がするんだよな。何か思いつかない？」

「今回の問題、仕方がない部分もあったけども、我々の側でもっとやれる部分もあったかもしれない。君のほうで気づいたことはないだろうか？」

意見を促す場合は、まず「こういうことで困っているんだよ」などと上司である自分の意見や情報を乗せてから質問すると、相手も何について答えればいいか分かりやすくなる。

また、「意見」を求めるのではなく「思いつき」や「気づき」なら口にしてもらいやすい。「意見」という言葉は、それなりの知識と判断力が求められるものだから、やや重い。それを言えと言われると重苦しく感じる。

「何か気づいたことない？」「何か思いつかなかった？」と聞き方を工夫すると、言葉を引き出すハードルを下げることができる。

× あなたの話したい気持ちがバレている

何か意見を述べようとしても「ああ、それはね」と会話の主導権を奪ってしまう形で話をすぐに引き取って、自説を滔々《とうとう》と述べてしまっていなかっただろうか。ここは実は少し自己嫌悪に陥りながら書いているが、そういう人は、相手の口にしたキーワードを聞いたら「ああ、その言葉で思い出したけどね」と、自分のアイディアを口にせずにはいられない。相手に「ああ、自分がしゃべりたくて仕方ないんだな」というのが伝わると、相手は面倒くさくなって意見を言わなくなってしまう。「はいはい、そうですか。ご高説、ごもっとも」と、敬遠されてしまう。意見を聞きたいわけではなく、自分が話すネタを提供してもらいたいだけなんだな、と見破られてしまう。

特に年を取ると、相手がどういう意見を述べようとしているのか、最初のフレーズを聞いただけで読めてしまうような気がするので、「ああ、そうした意見についてはね」と、ろくに聞かずに話し始めてしまう。

◎ 改善例

斬新な意見を聞きたいのに、どこかで聞いたことがあるようなありふれた意見ばかり。そう感じていると、つい早めに論破したくなる。しかし、意見はありふれているようでも、その意見にたどり着くまでの道程は人によって様々。それぞれのストーリーがあるので、それを探ってみると、意外に面白い。

「へえ、なぜそう考えるに至ったの？」

同じ意見のようでも、その意見を採用するに至った経緯は人様々だったりする。

相手の意見・質問がだいたいどういうものか予測できた気がしても、「へえ、やっぱり今の時代はそういう意見が多いんだなあ」と、統計データの具体例に出会えたと喜べばよい。そして「どうしてそういう意見を持つに至ったのか、理由を教えてもらえる？」と尋ねよう。意外な若者像の発見につながるかもしれない。

自分に聞く姿勢が失われている場合は、どういう質問をしたら自分は聞きたくなるのだろうか、という自己分析をするとよい。

何を考えているか分からない部下は怖いですか？

そうまでしてコミュニケーションを取っていくと、何を考えているか分からない部下に出会って不安になり、部下を完全にコントロールしたいという衝動に駆られることがあるかもしれない。自分の思いから外れるような行動にいらだつようになってしまう。部下が自分のほうを見ていない時間があると、「上司として自分は尊敬されていないのではないか？」と不安になり、コントロール不能に陥るのではないか、という不安に駆られてしまう。

すると、「こっちを見ろ」というつもりでついつい、たくさんの指示を出してしまうようになる。そうして、「うるさい上司だなあ」「ちょっとくらいそっとしておいてよ」と部下からうるさがられ、よけいに敬遠される。

実は、上司になると幼児退行する部分があることをご存じだろうか。幼児が親によく言う「ねえ、見て見て」だ。乳幼児は親の視線や意識を独占しようとする。ちょっとテレビに意識を向けただけで「こっちを向いて!」と泣き出す。洗濯物を干している間、放っておかれるだけで「私を構って!」と泣き出す。子どもが一人遊びを始めたのに安心をして、新聞を読み出すと「何を読んでるの!?」と新聞紙を引きずりおろされたりする。

自分から意識が離れ、視線が外れたことを子どもは敏感に察知し、自分にもう一度視線を向けさせよう、意識させようとする。「独占欲」が生まれるのだ。逆に独占できないと不安になる。

上司とは、部下を意のままに動かせる支配者だ、という理解は、昔から根強い。「上司は部下を上手にマネジメントできなければいけない」という大義名分があるものだから、部下をいつなんどきでも監視下に置いておきたい、コントロールしようという意識が働きやすい。

大概の人は、この幼児的欲求を、保育園、幼稚園、あるいは小学校で「別人格の同級生」と出会い、自分の思い通りにならない人間との交流を経ることで、折り合いをつけるようになる。他人は自分の思い通りにならない存在だ、と見切りをつけられるようになるのだ。つまり、他人とはそういうものだと理解し、相手が何をしているのか、何を考えているのかが常時分からなくても不安に駆られることはなくなるものだ。

ところが上司になると、乳幼児期のこの欲求が再び頭をもたげやすい。「上司と部下という立場なら、他人を支配できるかもしれない」という、ちょっとした勘違いが起きるからだろう。

上司として、部下にやってもらうべきことは「仕事の時間にしっかり働いてもらうこと」だ。それ以上でも以下でもない。

だから、何を考えているのかよく分からない相手が部下になったとしても怖がる必要はない。部下のほうだって、「そこは放っておいてほしい」というところだろう。だから放っておけばよい。「ただそういう性格の人なんだ」と理解し、いまいち相手が何を考えているか理解できない時でも、「自分をバカにしているんじゃないか?」「ないがしろにされてるんじゃないか?」などと不安になる必要はない。

部下の機嫌を取る必要はない

そうは言ってもまだ部下が何を考えているのか分からなくて不安で自分はバカにされているんじゃないか？　そんな不安に付きまとわれるあまり、部下に過度に声をかけて機嫌を取ったり、ヨイショしたりしてしまう人もいるかもしれない。人間は、自分がどう思われているかがとても気になる生き物だから、そういう思いに囚われるのも仕方がない。

しかし、部下が何をどう考えているのか、完全に把握しようとしなくていい。しなくても、やりようはあるものだ。

ちょっと変な話をするのを許していただきたい。私の弟は一匹の猫をたいそうかわいがり、よく面倒を見ていたのだが、なぜかそんなになつかなかった。他方、ほとんど面倒も見ないしかわいがろうとしない私に、なぜかその猫はなついた。なぜだろう？　不思議に思い観察してみると、理由の一端が分かった。

弟は猫がかわいいあまり、腹が減ってなくてもエサを食べさせようとし、気持ちよく眠っているのを抱き上げて撫《な》でたりしていた。他方私は、エサをねだりに来ない限りエサをやろうとしないし、撫でてほしそうな様子を見せる時以外は撫でようとしなかった。猫の都合も考えられなくなるほどの深い愛情表現より、猫が要求しない限り何もしようとしない薄情さのほうが猫には心地よかったためであるらしい。

猫と人間を一緒くたにしては申し訳ないが、私はこの猫との付き合い方から、「距離の取り方」を学んだように思う。構ってほしくない時というのは人間誰しもある。なのにあれこれ構われると、うっとうしく感じても仕方ない。

部下が困って助け舟を出してほしそうな時は助ける。そうでないなら放っておく。それくらいに淡白に構えておいたらよい。困った時は助けてくれるということが分かれば、部下は相談しに来るようになる。変に構いすぎて、「あの人に相談すると過剰に反応するからなあ」と思われると、なるべく距離を取ろうとされてしまう。

困っている様子の時は助ける。そうでないなら見守るだけにして放っておく。つまり上司は上司で、必要な時以外は部下のことを気にせず淡々と自分の仕事を進める。それくらいの淡白な関係が上司と部下の間にあっても一向に差し支えない。

部下が報・連・相をしてこないなら

部下は適度に放っておけばいいとはいえ、部下が全く報告・連絡・相談をしてこなかったら、それはそれで困る。そうは言いながらも、上司から「あれをやっておけよ」「これをやっておけよ」とやる前から言われると「分かってるよ、もう」「俺のことがそんなに信じられないのかよ」「ああ、働くの嫌だな」となってしまう。もちろんお給料をもらっているのだから仕事はしてくれるが、働くことに気が重くなってしまうのだ。

では、部下に報連相を上手にやってもらうにはどうしたらいいだろう？　すでに述べた朝夕のミーティングをその機会として利用すればよいだろう。「今日の業務の予定は？」「昨日はどんな仕事だったの？」と短くてもきちんと報連相をする時間を設けていれば、自然とそれに向けて準備してくれるようになる。

部下が自主的に報連相の準備をしてくれたことがあったら「ありがとう。分かりやすかったよ」。そうやって部下が先回りして動くことを前向きに評価すれば、部下は能動的に動くことが楽しくなる。

人間はどういうことをされると意欲を失うのか。嫌気がさしてしまうのか。よくよく観察してみよう。そしてそうした負の要因を一つずつ減らそう。そうした客観的な努力を積み重ねれば、上司と部下との適切な距離の取り方が見えてくるだろう。

3か月後から1年後まで

そうやって3か月ほどたつと、まだまだ目新しいことばかりだとはいえ、だんだん慣れてくる。昨日の仕事の意味、今日予定の仕事の意味はなんなのか、仮説を立てては検証するという作業を繰り返すことで、理解を深めることにも、上司に質問をぶつけることにも馴染《なじ》んでくる。

こうなると、自分の頭で考えることができるようになる。上司がどう考えているのかも次第に言い当てることができるようになってくる。上司の考えを理解しつつ、なるべく自分の頭で考えて行動する、ということに慣れてくる。

ただし、上司は上司、部下は部下。決定権は上司にあることは分かっておいてもらう必要がある。「上司の意見が必ず正しいわけではないけれど、総合的に考えて決めさせてもらうから、それは承知しておいてほしい」と普段から話しておく必要はある。普段話を聞く姿勢のある上司だと分かっていたら、何か事情があるんだろう、と部下のほうで斟酌してくれる。

大きな問題がなければ、部下の提案は、なるべくやらせてみるとよい。失敗することが目に見えていても、後のフォローで回復可能な小さな失敗であれば、黙って失敗を体験させるのも一つ。挑戦したことをたたえ、失敗からしゃぶり尽くすように学ぶことを伝えよう。「失敗するだろうな、とは思っていたけれど、失敗しないと分からないこともあるからね」と、挑戦を前向きに捉える姿勢を明確にしよう。

危険な失敗をやらかしそうな場合は、「もしそうしたら、どういう結果が生じると思う？」と、質問を重ね、思考実験のうちに危険性に思い至ってもらうようにする。自分が先回りして答えを言ってしまうより、質問を重ねて自分で気づいてもらったほうが、納得して中止してもらいやすい。「これはいいアイディアだ！」と本人がまだ信じているのに正面から反対すると、反発してよけいに燃え上がることがある。真っ向から反対するのではなく、「こういう条件も加味して考えると、どうなるの？」や「こういう問題が出てきた場合にはどう対応するの？」などと質問を重ねて考えを深めてもらう。

質問に導かれて、ではあっても、自分でたどり着いた結論は、比較的納得しやすい。そうすれば意欲を損なわず、「今度はもっと精緻《せいち》な計画を立てよう」と思い直すだろう。

部下はなぜふてくされるのか？

そうやって丁寧に育てているつもりなのに思い通りにいかない時は、ついついレッテルを貼りたくなってしまうものだ。

「あいつは生まれつきの怠け者なんだ。だから仕方ない」「あいつは頑固で人の言うことを聞かない奴なんだ」と。人は自分の気にくわない人間がいると、なぜレッテルを貼りたくなるのだろう？

おそらく具体的に「殴る」などの報復をするわけにいかないから、レッテルを貼ることで一種の報復をしているのだろう。

レッテルを貼るということは、「心理的に見捨てる」ことでもある。怠け者だとレッテルを貼れば、頑張るように期待することをやめ、「あいつはどうせ」と見捨ててしまう。頑固者だとレッテルを貼れば、理解させようという努力をやめ、見捨ててしまう。

見捨てるというのは、心の糸をプツンと切ってしまった状態だ。ある意味、相手を人ではなくモノ扱いする状態になり、何をしてきても言ってきても腹が立たないが、その代わり、相手の言葉をなかったことにしてしまう。

レッテルを貼られた人間は、どんな行動を取るだろうか。「ペルソナ」つまり仮面を被るのだ。自分が何を言っても「どうせお前は」と鼻で笑われるようになり、そのままだと心が傷だらけ、血だらけになってしまう。そこで「どうせ私は〇〇ですよ」とペルソナを被り、必要最小限のことしかしない本当の怠け者、頑固者になってしまう。相手のレッテル通りにしか行動しないことで、「報復」するのだ。

レッテル貼りとペルソナを被ることは、セットで起きる現象だ。そして、この現象はいわば報復合戦だ。レッテルを貼る側はバカにすることで報復し、ペルソナを被る側は相手のためになることは一切しないと心に誓うことで報復する。不幸な関係だと言える。

ペルソナは、その人の習い性になってしまうので、本人も自分の個性、生まれついての性格だと信じ込んでしまっている場合がある。しかしペルソナを被ったままだと、仕事に差し支えが出る場合がある。そうした場合は、そのペルソナを脱いで、変わってもらう必要がある。

ペルソナを脱いでもらうために最初に行うことは、レッテルを貼らないことだ。「こいつはどうせ○○だから」と言ってしまうと、以後、相手はそのようにしか行動しなくなる。しかし、レッテルを貼らない場合は違ってくる。

「この人がこう行動してしまうのは、それが習い性になっているだけだ。環境が変わり、条件が違えば、振る舞いも必ず変わってくる」と信じる（祈る）と、次第に「あれ？この人は他の人と違ってレッテルを貼らない。自分が意固地になっても、何か理由があるのだろうと待ってくれるゆとりがある」と感じ出す。慣れ親しんだペルソナを被らなくても、ペルソナで心を守ろうと身構えなくても大丈夫なのだと気づくと、次第に頑《かたく》なな心がほどけ始める。

もちろん、人間はそうたやすく変われるものではない。少し不都合なことが起きると、慣れ親しんだペルソナをもう一度被ろうとしてしまい、元《もと》の木阿弥《もくあみ》になることが多い。それでもなお、レッテルを貼らないように気をつけると、ペルソナを脱ぐ時間が長くなる。そうすると、新しい顔が見えてくる。

少なくともレッテルを貼る行為は、ペルソナをさらに強固にし、相手の心を閉ざし、パフォーマンスを悪化させることに役に立つだけで、よい意味での変化を期待できる行為ではない。

上司は、「あいつはどうせ変わらない」というレッテルを貼ってはいけない。「あの人はこういうペルソナを被っているが、これまでの来し方《かた》がそうだったんだろう。ペルソナを脱いでもらうには、どういう諸条件をそろえればよいだろう」と考えるようにしてみよう。時間はかかっても、部下はいずれ変わってくるだろう。

ノルマを課さずに部下を動かす

レッテル貼りとも関係することだが、「元々働きの悪い奴なんだから、高いノルマを課して尻でも叩かないと働かないんだよ」と考えて、高いノルマを課そうとする上司は多いと思う。動こうとしない馬や牛を鞭《むち》打てば動く、という考え方と似ているかもしれない。

こうした話を聞くと、私はいつもアニメ「フランダースの犬」を思い出す。パトラッシュという犬は主人公のネロに飼われることになる前、飼い主からビシバシ鞭で叩かれ、重い荷物を運ばされていた。あまりに重くてくじけると、また鞭が飛んだ。ネロはその姿をかわいそうに思っていた。

やがてパトラッシュは死にかけてしまって、捨てられた。それをネロが介抱し、なんとか命を取り留めた。やがて体力を回復すると、パトラッシュのほうからミルクを運ぶのを手伝おうとした。すっかり元気を取り戻したパトラッシュは、重い荷物もなんのその、楽しそうに運んでネロとそのおじいさんの仕事を助けるようになった、というお話。

パトラッシュは前の主人から見れば確かに働きが悪かったのだろう。だから鞭打って無理にでも働かせようとし、その鞭がパトラッシュの労働意欲を削ぎ、ついには生きる気力も奪って死にかけた。

しかしネロに出会って優しく介抱され、元気を取り戻すと、ネロとおじいさんの仕事をぜひとも手伝いたいと自主的に願うようになった。すると、重い荷物も苦にならなくなった……。これはアニメの架空の話。しかし、人間社会でもいろいろと思い当たることはないだろうか。

人間には、「この人のためなら苦にならない」ということがある一方、「あの人のためになることはちょっとのことでもやりたくない」ということがある。部下に働いてもらうなら、可能な限り前者の形で働いてもらえると、部下にとっても、そして上司のあなたにとっても気分のよい関係がつくれるだろう。

それにはまず、部下のやる気を削《そ》ぐような言動を上司が控える必要がある。やる気を削ぐ言動の典型的なものは、「あなたのことが信じられません」というメッセージだろう。

高いノルマを課そうとすると、往々にしてこの負のメッセージが伝わる。「あなたは放っておけば働かない人。だから極力高いノルマを課して、その半分でも働けばまだマシ。その半分の量が人並み程度になるよう、倍くらいのノルマを課そうかな」と上司が考えていることが、しっかり部下には伝わる。そうすると、部下は「自分のことを信じてもらえていない」という負のメッセージをしっかり受けとめ、クビにするほどの悪い成績でもないが上司の気持ちをいらだたせるには十分悪い成績、あたりを狙って仕事をするだろう。もう、報復の応酬みたいになって、悪循環になる。

部下に自主的にしっかり、しかも嬉々《きき》として最高のパフォーマンスを発揮してほしければ、逆説的だがノルマを課してはいけないのだ。すなわち、ノルマを設定しなくても、自ら能動的に成果を挙げてくれる状態を生み出さなければならない。

では、どうやって「パトラッシュとネロの関係」になることができるのだろう？　それは今までにお伝えしてきた方法で、部下を丁寧に育て上げることだ。ここまでに書いてきたことは、ノルマを課さずに部下に意欲を高く持って、成果を挙げてもらえるようにする方法だった。だから、レッテルを貼らずに、ノルマを課さずに、いろいろ辛抱強く試みてほしい。

とはいえ「現実的には難しいよ……」と思う方に向け、これから、ノルマを課さずに部下の自主的な行動を促すとっておきの方法について、お話したいと思う。

部下をほめずに育てる

「ほめて育てる」という言葉がある一方で、「ほめるとつけあがる」という指摘もある。ほめられるとやる気が出て、もっと頑張るようになり、成長を促せるからほめるようにしよう、というのが前者の考え。ほめると「俺はすごいんだ」と勘違いが始まり、努力をしなくなったくせに傲慢《ごうまん》になって言うことを聞かなくなり、成長が止まってしまうから、ほめないほうがいいんだ、というのが後者の考え。

さて、どちらが正しいのだろう？

実はどちらも正しいと思う。ほめるとやる気が出て努力するようにもなるし、自己認識だけが肥大化して傲慢になり、成長が止まってしまうこともある。矛盾しているように見えるが、どちらにもなり得る。

実は、両者はほめるところが違っている。前者は「よく頑張ったね」とか「ここのところ、上手にやったね」と、〝工夫や努力、苦労〟をほめる。後者は「100点なんてすごいね」「こんな成績、過去に誰も挙げたことがないよ」と本人ではなく、〝結果〟をほめている。

前者はその人の「内部」に起きたことをほめているのに対し、後者はその人の「外部」で起きた結果をほめている。

前者のほめられ方をすると「もし同じようなことが起きたら、同じ工夫をもっと上手にやってみよう」「まだ今回のやり方は稚拙《ちせつ》だったから、もう少し工夫を加えよう」と、改善を試みようとする。工夫したこと自体をほめられてうれしくなり、もっと工夫をして驚かせてやりたい、と思うからだ。

後者のほめられ方をすると、過去の成績を笠《かさ》に着て今を正当化しようとする。昆虫のように鎧《よろい》を身にまとった「外骨格」を作ってしまい、ナイーブな内面を守ろうと見栄を張るようになる。「俺は本気を出せばすごい」「まだ本気になっていないだけ」と、過去の栄光にすがり、努力しなくなってしまう。

だから、ほめるのだとすれば結果や成果といったその人の「外側のこと」ではなく、工夫や苦労、努力といったその人の「内面」のことをほめるほうが、次につながる。

ただ、「ほめる」という言葉をどちらも使うものだから、やや紛らわしい。そこで私は「面白がる」という言葉を使っている。

その人がその時どんな工夫をしたか、どんな苦労をしたのか、それをどうやって乗り越えたのか、その工夫や努力を面白がったり、驚嘆《きょうたん》したりする。

例えばとても素晴らしい絵を描く人がいたとして、「この絵、値段が100万円だって」「へえ、すごいねえ」と、外形的なことで感心されてもその画家はちっともうれしくないだろう。ひどい言い方になるが、俗っぽいほめ方だ、と感じてしまう。

それよりは「私は絵のことがちっとも分からないんですけど、なんでこの鳥はこんなにも雄々しく羽ばたいているように見えるんでしょうか」と尋ねれば、それを描くのにどんな工夫を凝らしたか、うれしくなって説明してくれるかもしれない。

努力した人にとって、一番印象に残っているのは、自分の心の中で起きたことなのだ。

どうしよう、うまくいかない、と悩んだ時間。苦しんで苦しんでもがいた時間。そしてようやく、うまくいく工夫を見つけられた瞬間。そのことのほうが本人の中では、最も人に見てほしい、ほめてほしいところなのだ。

「へえ、そんなにも難しいところなのですね、よく克服されましたね」と賛嘆《さんたん》すると、「この人は分かってくれた」と感じて、うれしくなる。内面の苦労、工夫に気づいてくれた人には、「自分のことを分かってくれている」と感じるものなのだ。

だから部下の仕事に対しても「へえ、それは面白いねえ」「うわあ、そんなことがあったの」「よくそこでくじけなかったねえ」「どうやって気力を維持できたの」と、工夫を尋ねては面白がる。驚嘆する。すると、その人の中で工夫することの大切さ、苦労を克服することの面白さに気づく気持ちが生まれてくる。

だから、外側でしかない成果や成績をほめるのではなく、内面をほめよう。「ほめる」という言葉は、どこをほめたらよいのか混乱しやすいから、工夫を面白がる、と言い換えよう。

その人の内面に起きたドラマを面白がり、驚嘆すると、その人は工夫、苦労、努力をいとわなくなる。「ちゃんと私のことを見てくれている」と感じ、工夫することの大切さを再確認できるからだ。

すると、仕事は「工夫するためのステージ」に変わり、仕事自体が工夫するための現場、材料となって楽しくなる。すると仕事への意欲が生まれてくる。

「ほめる」と部下がつぶれる？

とても素晴らしい成果を部下が出したとする。当然、上司としては「素晴らしい成果だね」「次も期待しているよ」と期待も込めてほめる。それで「もっとやってやろう」とさらに馬力を上げる情熱的なタイプの部下ならそれで問題はないのだけれども、そこまで気の強くない人格の場合、つぶれてしまうことがある。

「今月はたまたま大口で注文してくれる顧客がいたからこの成績だっただけで、来月も同じ成果を出すのは厳しいんだけどな」「今月はたまたまやる気にあふれていて、連続で徹夜もして頑張ったけど、1か月も続けたらすっかり疲れてしまった。とてもじゃないけど来月も同じ調子でやったら身が持たない」そう思っているかもしれない。

しかしほめられもし、期待もされると、できませんとは言いにくい。そうして翌月も無理を重ねる。だが、やはり能率が悪くなり、成果が思うように上がらない。「今月はいまいちだったね。また頑張ってよ」と声をかけられると、プレッシャーがやむことはない。先月よりも成果が上がらなかった自分に自己嫌悪し、頑張ろうにも気力が湧かない自分を情けなく思い、無気力なのに無理に無理を重ねて、ついにつぶれてしまう。

成果が出れば、当然上司としてはほめたくなるだろう。しかし部下の立場から言うと、その言葉は「同じレベルの成果を毎月たたき出せ」と要求されているように聞こえる。とても毎月は続けていられないフルパワーの成果だったり、偶然が重なったうえでの好成績を、日常的に求められると感じた時、部下は苦痛に感じてしまう。

もっと頑張ろう、というより、「ずーっとこんな調子で頑張り続けなきゃいけないのか……」とゲッソリした気分に陥ってしまう。気分が乗らないと工夫もおろそかになる。足取りも重くなる。悪くすると、鬱になって出社拒否になってしまう。

だから部下には、成果ではなく「工夫」を求めるようにしよう。

上司としては結果、成果のほうが気になってしまうものだが、そこはグッとこらえて成果に着目するのではなく、工夫に着目する。

例えばビックリするほどの営業成績を挙げた月があった場合、「こんな数字を出すなんて、前代未聞だねえ」と結果にだけ目を奪われた発言をしないようにする。それは「また同じ成果を挙げてね」と暗にプレッシャーをかけるメッセージになってしまうし、成果を挙げた月と同じように作業しろ、と無理難題を突き付けているように感じさせてしまう。それでは部下も疲れてしまうし、疲れてしまうと工夫する余裕がないから飽きてしまう。

それより工夫を尋ねよう。

「今月はずいぶんと好成績だったけど、どんな工夫をしたの？」

部下から「たまたま大口で購入してくれるお客さんが現れたからだ、特に工夫はない」、という答えがあったとしたら、「そうか、そういうことがあったのか。それだと、来月も同じことを期待するのは難しそうだね。ただ、今回の経験を偶然として終わらせるのではなくて、なぜその大口のお客さんが興味を持ってくれたのか、きちんと分析して、次につなげるようにして。すると、偶然だったものがだんだんと必然に変わっていくかもしれないよ」と工夫を促す。

もし、「そういえば……」と、大口の購入をしてもらえたきっかけを思い出して報告してくれたら、「いいね、それ。それを偶然ではなく、必然に持っていくにはどうしたらよいか、もっと工夫を考えてみようか」と、一緒の宿題にしてみるとよいだろう。

「徹夜漬けでなんとかひねり出した成績です」ということであれば「そうか、疲れすぎないようにね」と労をねぎらいつつ、「無理は続かないよ。何しろ初めてのことで慣れないから、時間がかかってしまったのかもしれないけれど、いかに短時間で仕事を済ませるかということも大事だよ。次の月は長時間働くのではなく、時間当たりの効率を上げる工夫に専念してみてはどうかな」と、工夫を促す。

ビックリするくらいの成果が出た時でも、案外課題は見つかるものだ。「あそこはこう改善すればそこまで無理をしなくてもできたかな」などの課題がある。成果を出したこと自体は「よく頑張ったね」や「疲れすぎないようにね」と言って十分に苦労をねぎらいつつ、「もっと要領よく仕事を進めるにはどうしたらよいかを次の課題にして工夫してごらん」と、工夫を求めよう。

その際、同じレベルの成績を出せとは求めないようにしよう。すると、成果を出さなければならないというプレッシャーから解放されると同時に、まだまだ磨きが足りない技術面の改良をするという「楽しみ」に気づいてもらうことができる。

「実は、もっとこうしたらよかったかな、と思うことは多々あったんです」という答えがあったら、「その工夫、面白いねえ。やってごらんよ。また工夫した結果が出たら、どんな風だったか教えてよ」と、工夫を面白がるようにしよう。すると、部下も工夫を凝らすことが楽しくなってくる。工夫を凝らせば凝らすほど、仕事の能率は上がり、仕事への理解も深まる。理解が深まれば、仕事への意欲も高まる。「できない」が「できる」に変わる瞬間をいくつも味わってもらえる。

この「結果をほめずに、工夫を尋ね、工夫を面白がる」方法は、能動的に動き始めた時期の新人にも有効だが、自分の下に配属されてきたベテランの意欲を高めるのにも有効だ。

部下がどんどん能動的になっていく様を喜びながら、楽しく試行錯誤していってほしい。

基本的に部下にやってもらう仕事というのは、上司の手のひらの中にあるものでしかない。部下が自分で決めて、自分で選んで、自分で探してきた仕事ではない。そのため

「やらされ感」がどうしても出やすい。

だから、「仕事が終わりました」と報告がある度に、面白い工夫を見つけては「これ、面白いね」と面白がる。「ここのところ、もうちょっと工夫することは可能かな」と工夫を促す。どう工夫するのかは、本人になるべく任せる。すると、部下は「能動感」を持ちやすくなる。どう料理するかは任されているからだ。そしてその料理の仕方、工夫を上司が楽しみにしているということが分かると、工夫することが楽しくなる。それが「能動感」をさらに持ちやすくする。部下にノルマを課さなくても勝手に成果を挙げてくれるようになる。

1年後から3年後くらいまで

1年目は一から十まで説明しないと何も分からなかったのが、2年目はかなり説明の手間が省けるだろう。仕事の憶えもずいぶん早くなっているだろう。

3年目になると、久しぶりの仕事でも、「これはやったことがある」とはっきり憶えているようになる。ところどころ忘れている部分があっても、そこだけ聞けば後は業務日誌を読み返したりすることで自分でやれるようになっている。

では、部下にはいつから成果を挙げてくれることを求め出していいか？　そう聞かれれば、私はいつまでたっても「成果」という外形的なものを部下に求めてはいけない、と答える。そうした外形的なものにこだわる心象がある限り、自分の頭で考え、行動する部下を育てることは難しいからだ。

「ほしがると得られないがほしがらないと不思議と手に入る」という皮肉な現象をマーフィーの法則と言うらしいが、部下の育成にも、それが当てはまるのかもしれない。

部下がある程度一人前に仕事ができるようになるには、

①基本業務はすべて理解し、「あれやっといて」という指示だけで、教えなくてもやれるようになっている。
②疑問を楽しみ、人に質問したり調べたりして、自分で疑問を解決しようとするクセがついている。
③仮説を立て、解決を試みるという「仮説的思考」が身に付いている。

という3つがマスターできていなければならない。

私の中学の恩師が、「言われたらできる子、言われる前にできる子、言われなくてもできる子」ということを言っていたが、自分の頭で考え、行動するような「言われなくてもできる人」に育てるのには、それなりに時間がかかる。

もしも上司の側に「早く成果を挙げろよ！」と部下を急かす気持ちがあると、どうなるだろうか？

困ったことに、本書で紹介したような辛抱強く部下を育てる方法にほころびが生じることで、部下は指示待ち人間になってしまう。部下がいつまでもこの3つをマスターできない結果、自ら積極的に成果を挙げてくれるようには、永遠にならない。

逆に言えばこの3つをマスターできれば、自立して仕事ができるようになっているはずだ。まだまだ物足りない未熟なところが見えても、それは追い追い、経験を積めば分かってくるだろう、と安心して見ていられるはずだ。そこまで部下を育て上げることができたら、部下は勝手に成果を出すようになる。

だから、部下に早く成果を挙げてほしい気持ちは「諦め」よう。そのうえで、部下が意欲的に自ら喜んで動きたくなるよう、環境づくり、接し方の工夫を続けよう。短期に成果を求めると部下は育たず、成果は得られない。部下の意欲、技能、創意工夫する柔軟さを育んだほうが、よっぽど早く、そして長く大きな成果が手に入るようになる。

西郷隆盛《さいごうたかもり》は部下に自分の運命すら委ねた

そうは言っても、どうすれば上司は部下の成長ぶりにイライラしてしまう問題は、どうしたら解消できるだろう?

これまで何度か「信じていたのに、裏切られた」と言って怒っている人に出会ったことがある。少し意地の悪い解釈をすると、「自分の期待した通りに動かなかったので腹が立つ」と同義のようだ。

夏目漱石は義父母のもとに養子に出されている。その時に感じた不自然さを、漱石は述懐《じゅっかい》している。義父も義母も、いかに養子である自分を愛しているか、という愛情表現の競争をし、その見返りとして「お父さん大好き」「お母さん大好き」という愛情表現の返礼を期待されていることを感じたという。漱石はその「期待」を重荷に感じていたようだ。

「私はあなたのことを信じている」という言葉は、しばしば「私はあなたが私の期待した通りに行動すると思っている」という意味になる。「信じる」という言葉の意味が「期待する」である場合、人は重荷に感じるらしい。期待通りに動くことを強いられているようで、面白くなくなるのだ。期待とは、相手の行動を縛《しば》る無言の「指示」のようなものだ。だから逆らいたくなる。アマノジャクな気持ちが芽生えてしまう。

呉起が部下を感奮させ、予譲が命がけで仇討ちを考え、趙雲が獅子奮迅の働きをしたのは、相手の行動を縛ろうとする「期待」で動いたのではない。寄せられた信頼は、「期待」とは違う別の何かだ。

私の考えでは、それは「身を預ける」に近いもののように思う。部下に仕事を一任する。どういう結果になっても、その結果は甘んじて受けとめる。そうした信じ方だ。たとえ悪い結果になってもあなたが頑張った結果なら仕方がない、私はあなたに身を預けた、それでいいじゃないか、という信じ方だ。

西郷隆盛はそうした信じ方をする人だったらしい。部下にああしろ、こうしろと細々とした指示を出しはしなかった。部下を信じ、任せる。たとえマイナスの結果になっても「仕方がない」と受けとめる。

西郷の運命は自分の手に委ねられている、と感じた部下は、なんとしてもマイナスの結果にならないようにと必死になった。信頼に応えようとした。

この「応えたくなる信頼」は、「祈り」に近いものでもあるかもしれない。「赤毛のアン」では、養父のマシューが、アンのやることなすことをすべてニコニコと笑って見守り、アンが悲しむとオロオロとする。アンが決めたことなら「それでいいよ」と追認する。アンはマシューの信頼に自然に応えたくなり、成績もトップ、とても魅力的な女性に育つ様子が小説では描かれている。

マシューは、アンの幸せそうな様子を見るとうれしくなり、悲しんでいる様子を見るとオロオロする。「どうか幸せに生きてほしい」という祈りを常にささげている。そうした信頼に出会った時、人はなんとしても応えたくなるものだと思う。

「赤毛のアン」はフィクションだ。小説でしかない。そんなものを根拠に語るのはよくないかもしれない。しかし史実のほうがむしろ脚色され、現実離れすることがある。心に響く小説は、人間心理の何かをうまく抽出できている。

西郷隆盛や呉起、様々な歴史上の人物が部下を感奮させたのも、「身を預ける」信頼、「祈り」にも似た信頼だった。自分の思い通りに行動させようという「期待」とは違うものだ。そこはぜひ、勘違いしないようにしたいものだ。

部下を評価する4つの方法

年に1回は、部下の業績評価や査定をする企業が多いだろう。面談して、その年の働きぶりを評価し、翌年も意欲を持って仕事に取り組んでもらおうという、重要な機会だ。まだ日本では、業績を評価するといっても給料に大きく反映させようというところは多くないように思う。「今年も頑張ってくれましたね、来年も頑張ってくださいね」と言っておしまい、というところも多いだろう。それでも働きがあんまり悪ければ小言を言われる場所になるわけだから、一定の緊張感を与えるものになっているように思う。

問題は、プロ野球の選手のように給料の査定にもなっている場合だ。本書を手に取った人の中には、上司でありかつ経営者の方もいるかもしれない。部下の労働意欲を高めるには給料の額をどう設定したらよいのか、そもそも査定の場で部下とどう接したらよいのか、とお悩みの方もいらっしゃるかもしれない。

そうした経験がない私は、この問題を想像で語るより他ない。外資系に勤める友人の話などを参考にしつつ、「自分の頭で考え、行動する部下」という問題と、この査定の問題がどうリンクする可能性があるのか、この項では考えてみたい。

① 給料を上げれば部下はやる気を出す？

給料を多めに渡せば、ウマにニンジンをぶら下げるように労働意欲を刺激できる、と考えているとしたら、要注意。あなたがそう考えているとしたら、大概うまくいかない。実際、期待値も籠《こ》めて高めの給料に設定したら、働かなくなってしまったという嘆きの声をよく聞く。これはなぜ起きるのだろうか？　上司のあなたが部下に「期待」してしまうからだ。

給料を高めにしたとあなたが考える場合、上司のあなたは当然、その分しっかり働いてもらわねば、結果を出してもらわねば、と「期待」してしまうだろう。その「期待」を受けた時、部下の反応はその性格によって大きく二つに分かれる。

非常にアグレッシブな性格の人は、「なんだ、その程度の『期待』か。なめんなよ、『期待』をはるかに超えた成果を出してやる」と「期待」を「挑発」とみなし、もっとビックリするような成果を出してやろうと息巻く。そしてがむしゃらに働き、さらに高い査定を獲得して「どんなもんだ」と誇らしく思うのだ。上司が期待するのもこうした結末だろう。しかしこんな反応をするのは10人に一人いればよいほうだ。

大半の人は「期待」されるとそれを重荷に感じる。もし期待に沿えなかったらどうしよう？　頑張ってもうまくいかなかったらどうしよう？　不安が先に立ち、仕事が苦痛になり、気が重くなり、意欲が失われ、結果、パフォーマンスが悪くなる。

経営者になるような人や、業績を挙げて上司になった人には前者のタイプが結構いる。このため、高い賃金という「期待」に対して自分と同じように「期待以上のことをしてやる」と燃えるものだと勘違いしていることがあるようだ。しかし実際には、後者の気弱なタイプの人のほうが多い。プレッシャーに弱く、「期待」されると本来持ち合わせているはずの能力さえ発揮できなくなるのだ。

前者の性格の部下の場合は、「ウマにニンジン」よろしく、成果に見合う給料を支払い、どんどん頑張ってもらえばよいかもしれない。しかし後者の性格の部下の場合、

「結果を出してね」という「期待」を寄せられると、プレッシャーにつぶされてしまう。

後者の人たちに意欲的に仕事に取り組んでもらうには、別のアプローチが必要になるのに、給料の多寡《たか》だけで労働意欲を釣ろうというのは、少々虫のよい話だと言える。

大半の、気弱なタイプの人の場合は、生活に余裕を持てる程度の給料がもらえたら「安心」できる。「安心」は仕事への意欲をかき立てる基礎になるもので、安心なしに意欲を持つことは（このタイプの人たちは）難しいから、やはりそれなりの給料を渡すことは、気弱なタイプの人たちにも意味が十分ある。問題は、「給料を渡したのだからしっかり働いてくれよ」と期待する心理が、上司であるあなたに芽生えてしまうということだ。

大人であれば、仕事できっちり結果を出すということは当然だ。当然だが、結果を期待されると面白いかというと、そうではない。期待はやはり重荷に感じ、仕事を楽しくなくしてしまう要因になる。

だからこそ、労働意欲をかき立てたいなら、給料で釣ろうとするより、普段の接し方に注意しよう。普段から仕事に工夫を促し、「できない」が「できる」に変わる瞬間を増やし、働くことを楽しんでしまう。それができれば、気弱なタイプの人たちも意欲的に仕事に取り組めるようになる。

別項で紹介したロバート・オウエンは、労働者に、生活に余裕が持てるだけの給与を支払った。しかし彼にとって、それは労働意欲が湧くようにするための「土台づくり」ではあったが、給料だけで労働意欲を刺激できるとは考えていなかった。働く人たちの成長意欲、「できない」が「できる」に変わっていく喜びを巧みに刺激した。労働意欲は、仕事そのものに楽しみを覚えるのが一番高まるのだ。

給与の査定は、上司の心の中に「期待」を生んでしまう恐れの高い場面だから、ぜひ注意していただきたい。査定の場面では「期待」をせず、普段の接し方でも「期待」をせず、工夫、努力、苦労に目を向け、それを評価・承認することを心がけていただきたい。

② 新人をどう評価したらいい？

特に新人の給料を業績で査定したら、とんでもないことになる。まだ稼げる段階ではないからだ。

一人の人間を雇うには一千万円の売り上げが必要になる、と言われる。新人のうちからそんなに売り上げるということはほとんどの場合、期待できない。新人は仕事を憶えるのに必死で、業績を挙げることは難しい。就職して3年程度は、渡した給料よりも少ない売り上げなのが普通だ。

だからといって業績に見合った給料にしてしまったら、部下は生活ができなくなってしまう。新人の間は、育つまでの「投資」だと思って、生活するのに少し余裕がある程度の給料を渡す必要がある。

新人は成果、業績で評価することが難しい以上、評価する箇所も少々工夫が必要になるだろう。

1年目は、仕事を熱心に憶えようとしてきたか。

2年目は、仕事が少しずつできるようになってきたか。

3年目は、指示がなくても自分で仕事ができるようになってきたか。

つまり、業績より部下の内部に何が蓄積しているか、ということを重視した評価のほうが望ましい。一人前となる4年目以降、「自分の頭で考え、行動する部下」としてしっかり稼いでもらいたいなら、意欲を持って仕事に取り組む部下に育っているかどうかを査定での評価基準にすることが望ましいだろう。

もし私が部下を育てる立場で、査定もすることになったとしたら、新人1年目の最初の段階で次のように言うだろう。

「2年目に突入したら、仕事をある程度できるようになってもらう必要があります。しかしそのためには、1年目にどれだけ仕事を憶えたかがカギになります。1年目はともかく、目にするもの耳にするものをしっかり憶えよう、ということを心がけてください」

翌年度の自分の姿を思い浮かべながら、今年心がけるべきことを伝える。

2年目、3年目も同様。

「3年目には、私の指示がなくても仕事ができるようになり始めてもらう必要があります。そのためにも、2年目の今年は実際に自分の手を動かして主体的に仕事をこなし、憶えていってもらう必要があります」

「丸3年たてば、一人前として扱われるのが世間相場。だから、3年目の今年は、私の指示がなくてもあなた自身の判断で仕事ができるようになることが目標になります。分からないことは私に聞いてもらって構わないですが、『もし上司がいなくても』ということを常に念頭に置いて取り組んでもらうのが3年目の働き方になります」

こうして、1年たって成長した自分をイメージしてもらいつつ、その年のおおよその成長目標を持って仕事に取り組んでもらうようにしたほうがよいだろう。

③経験者、ベテランとの接し方

上司であるあなたよりも部下のほうが経験者だったり、ベテランだったりすることは、今の時代、少なくないだろう。そうした場合、十分に敬意を払う必要がある。

こうした人たちに「ああしろ、こうしろ」と命令口調で指示すると「若造のくせに」と不愉快に思い、意欲を損なう恐れがある。ベテランには、相談する体《てい》で「自分の口から言ってもらう」ようにしたほうがよいだろう。

「〇〇さんなら私があれこれ言わなくてもこの業界のことはお詳しいでしょう。これからどんな企画を展開すればよいか、何かヒントはございませんでしょうか」

このやり取りを、別項で紹介した産婆術の形で進めれば、ベテランのほうから「ああしてはどうだろう」「こうしてはどうだろう」と提案が出てくるだろう。あなたは「こういう状況も考えられますが、そういう場合はどうすればいいとお考えですか?」と教えを乞《こ》う形にすると、どんどん答えてくれるだろう。

最終的に「大変面白い話になってきましたね！　これ、さっそく取り掛かっていただけますか？」と言うと、自分の口を通して出てきたアイディアだから、嫌がるどころかちょっとやってみたくなっているはずだ。

査定の場でも、こうした形のやり取りが望ましいように思う。「今年のあの仕事、面白い着眼点でしたよね」「来年に向けて、どういうことが業界の課題になってくるとお思いですか？」などと質問し、考えを聞き、面白がり、さらに話を引き出す。話を引き出しながら、どんな仕事をしてもらうとよいか、それについても言葉を引き出す。

そして「それ、面白そうですね。来年度はぜひそれに取り組んでいただけますか」とお願いする。自分の口から出たアイディアだから、ちょっとやってみたくなっているだろう。

査定の場は、「昨年の働きを断罪する場」ではなく、「来年につながる話の場」としていただきたいと思う。成果、結果という外形的なものに注意の目が行ってしまいがちだが、そうではなく、今年度の努力、苦労、工夫が通じなかった仕事は何が問題だったのか、来年度にはどう改善したらそれを克服できるのか、を考える場になってほしい。

査定の場が、閻魔《えんま》大王の前に引きずり出されるような気分のものだとしたら、本書でいろいろ述べてきたことも無駄になる。

④　給与の額をどう設定するか問題

インターネットを主戦場にしている企業のように、成長著しい分野で活躍する企業の場合は、有能な人間に高給を示して大活躍してもらうことは、売り上げの大幅アップにつながるのだから理に適っている。「高給で優秀な人材を確保する」というのは、こうした場面では合理性がある。

しかしこうしたネット企業でも、事務職員はいたりする。そうした人たちに成果主義を持ち出しても意味がない。むしろ満足いくだけの給料を支払って、ともかくきっちり仕事をこなしてくださいね、という職種なのだから、こうした人たちの給与を成果主義にさらすのは不合理だ。

業界にもよるだろう。例えば食品業界だと、人間の胃袋のサイズは急拡大することがないから、何かの新商品がバカ売れする時は、何か別の商品の売り上げが落ちることになりやすい。こうした分野では、定番の人気商品を大切にしつつ、変化する味覚に対応して新商品を打ち出し、「胃袋」のシェアを失わないようにするのが大切になる。業界全体としては、大幅に成長することがない（胃袋のサイズに規定される）分野だから、成果主義を持ち込むことが少々難しい。

そもそも、「成果主義」というのが、人間心理をあまり理解できていない底の浅い考え方なのかもしれない。エサで釣ればいくらでも労働意欲はかき立てることができる、というのは、ちょっと人間を簡単に考えすぎなように思う。

イヌでさえ、エサで釣ろうとしたらエサだけねだられて終わり、ということになりかねない。エサをぶら下げられたらエサが気になって、エサをもらえる条件（あれをしろ、これをしろ）というのは意識から吹っ飛んでしまう。子どもが「ゲーム買って！　勉強するから！」とねだって買ってもらった後、全然勉強しないのと同じだ。

報酬で釣ろうとしたら、報酬ばかりに目が行き、肝心の仕事に意識が向かなくなる。これは生物共通の心理なのかもしれない。

仕事を頑張ってほしいなら、仕事自体を面白おかしいものにすることに勝る方法はない。給料で釣ろうという行為は、仕事にインセンティブを与えるというのにはなかなかつながらない。

給料の役割は、生活に余裕を持てるようにする「安心料」と思ったほうがよいだろう。だからきっちり、安心して生活できる額は最低限として支払う必要がある。ただし、安心は労働意欲をかき立てる基礎になるものだが、労働意欲とは別物だ。働く意欲をかき立てるには、給料とは別の方法を採るべきだ、ということは、分かっておいたほうがよいように思う。

さてここまで、「ノルマを課すな」「部下に成果を求めるな」と、世間一般でいえば無理難題だと思われる話をしてきたので、「そんなの無理」と思われる方もいるかもしれない。「数値で目標を伝えないと、部下もどれくらい頑張ればいいか分からないでしょ？」そうお考えになるのも当然だ。

そこでここでは、ノルマを課すのではない、部下の挑戦意欲をかき立てるもう一つの方法を紹介しようと思う。

ちょっと挑発してみる方法だ。

「このレベルの成約を年に3件取るのは至難の業なんだよね」「この仕事を100件こなしたのはまだいないんだよね」。そうした「とても新人には手の届きそうもない話」

をしておいて「あ、これは無茶な話だから、今のは忘れて」と言うと、かえって「その目標、こっそり目指しちゃおうかな」という挑戦心が内心芽生える。

誰も期待していない。できると思っていない。それができたらすごいよね。そんな課題があれば、人間はちょっと挑戦してみたくなる。ダメ元でちょっとやってみようかな、という気になる。

人間がどんな形で示された課題ならば楽しむものなのか、その心理をうまく利用しない手はない。期の初めに部局に課せられたノルマがあったとしたら、「これをなんとしても達成しなければならない」と義務のように伝えると気が重くなる。

「いや、これできたら確かにすごいけど、無茶だよな……」

そうあなたが「つぶやく」と、耳にした部下は挑戦してみたくなる。ノルマを課すのではなく、挑戦しがいのある「壁」を提示するのだ。

この場合、たとえその「無茶な目標」を達成できなくても、挑戦しただけのことはあると思えるような成果を挙げられるだろう。

部下を競争させずに動かす

ここまでが、自分の頭で考えて動く部下の育て方だったが、上司といえば複数の部下を同時に抱えていることも多いので、複数の部下との向き合い方についても本章の最後に書いておきたい。

私はこれまで、「あいつを見習え」的な発言をしてうまくいったためしがない。後でしまったと思っても後の祭り、「どうせ私は」とふてくされてこっちを振り向いてもらえなくなるのがオチだ。ほめられたほうの部下はいい気になって傲慢になることさえある。部下を比較してやる気を出させようとしても、うまくいかないことが大半だ。

競争原理という言葉が経済学ではよくもてはやされている。やれ、自然界は競争原理だ、弱肉強食だ、現実は厳しいんだ、だから競争の中に叩き込んで生き延びられる人間だけ生き延びればいいんだ、そうしたほうが必死になって生き延びようとして頑張るだろう、云々。

確かに現実社会では、営業成績が公表されるのは常だし、企業は株主総会で業績を全部赤裸々に示さなければならない。他の企業と比較され、生き延びるのに必死だ。同期の中で誰が出世頭か、意識せずとも競争になっていることもあるだろう。

NHKのEテレの「ニッポンのジレンマ」に出演した、アーティスト集団・チームラボという会社の代表、猪子寿之《いのことしゆき》氏が興味深い発言をしたことがある。「日本人は個人で競争するとダメだけど、チーム間での競争は燃えるよね」。これはみなさん、納得できるところは多いのではないだろうか。ライバル企業に負けてたまるか、という競争は、同じ企業内の人間とは仲間意識を強める効果もあって、モチベーションにつながりやすい。グループあるいはチーム同士で競わせるのは、そう悪くはないように思う。

しかし個人間で競争させるのは、よほど条件がそろっていないとうまくいかない。個人間の競争でモチベーションを高めることができるのは、日本、あるいは世界トップレベルの人たちが国の代表あるいはプロチームのレギュラーの座をかけて競う場合か、負けん気が強く、基本的に「勝ち組」で居続けた人たちの間で行われる競争くらいだ。

トップレベルに立てば高給取りや有名人になれたり、あるいは「私は世界一だ」という圧倒的な自己効力感が得られるなどの「報酬」が約束される。だから頑張る気にもなる。また、競争に強い人というのは基本、根性のある人で、しかもこれまで常に勝ち続けた人でもある。そういう人なら、競争と聞くとむしろ燃えるかもしれない。

しかしトップアスリートでもない大半の人たち、勝つばかりでなく負けた経験もそれなりに多い大多数の人たちの場合、個人間の競争はむしろモチベーションを下げることが多い。負けた場合、奮起《ふんき》するよりも「どうせ私は……」といじけてしまう方向に向かってしまうからだ。

トップアスリートの話を聞くと、競争原理がしばしば使われている。プロ野球は常にレギュラーの座を争ってしのぎを削っているし、シンクロナイズドスイミングの世界で日本、中国、イギリスの代表監督を歴任した井村雅代《いむらまさよ》さんは選手たちを競わせて、まさに競争原理を持ち込んだりしたようだ。こういう話は私も大変参考になる。しかしこうした人たちが競争原理の中で頑張れるのは、「栄光の舞台」が目の前にぶら下がっているからだ。プロ野球の選手になった人たちの陰には、なれなかった人たちのたくさんの涙がある。プロの道を諦めて、次に何をしたらよいのか茫然自失《ぼうぜんじしつ》した人の話はよく聞く。

いったん落伍《らくご》すると、モチベーションを根底から崩されてしまうことが多い。

なのにプロの野球やサッカーといった競技が競争原理の中でやっていけるのは、やはり「栄光の舞台」があるからだ。いくら有力選手を次々とダメにし、使い捨てにしたとしても新たに栄光を求めて集まってくる人たちがいる。こういう場では、競争原理でも取り入れないと場を維持できない。そんな特殊性がある。

しかしあなたの企業はどうだろうか。日本中の人がうらやむ「栄光の舞台」なのだとしたら、競争原理を持ち込んでもよいかもしれない。しかしごく普通の、さほど栄光ばかりを求めていられない地道な企業が世の中の大半の職業を占めている。「お前なんか来なくてもうちに就職したい人間は山ほどいるよ」と豪語《ごうご》できる企業は日本にどれだけあるのだろうか。もしそういう企業ではない場合は、競争原理を下手に持ち込むのはやめておいたほうがよい。

営業という職業は比較的競争原理が働いているように見える。毎月の営業成績が公表され、誰が一番だったかよく分かるからだ。それでも露骨な競争原理を持ち込むわけにはいかない。誰がやっても成績を上げにくいエリアを担当していれば、一番になるのはどうしても難しくなる。なのに成績上位しか評価しないとなると、難しいエリアを誰も担当したがらなくなってしまう。企業として、穴の開いたエリアは作るわけにはいかないはずだ。

そういう場合は、成績が上げにくいエリアを担当する不利を理解しつつ、努力していることを評価するようにしないと、その営業マンはふてくされてしまうだろう。担当エリアによって営業成績の違いが出やすい場合は、営業マン同士で比較するより、同エリアでの前年同月比と比較し、営業成績の伸びがあるかどうかで判断するのが公正だろう。

競争原理を一概に否定するつもりはない。例えば小さな男の子の場合、「家まで競走だ！」とけしかけると喜んで走り出す。子どもの頃にすでにそうだとしたら、競争というのはそれなりに楽しいことのはずなのだ。オリンピックでも我々が感動するのは、それなりの理由がある。競争を全否定するべきでない。

しかし、競争原理は鋭利なだけに、使い道、使う場面を誤ると実に危なっかしい。すでに述べたように、集団（チーム）間の競争だと燃えるし、モチベーションも上がる。貴重な栄光を手にすることができる場合は、個人間の競争でも燃える。しかし日常的な業務の中で、個人間で競争させることは、大多数の負けた人たちのモチベーションを大きく損なう。それでは結果的に、会社全体のパフォーマンスが悪くなる。

競争したり、個人同士を比較したりする行為は、日常に生きる私たちの場合、ほとんど役に立たないくらいに思っておいたほうがよいだろう。

他者と比較することで奮起させるという方法は有害なことが多い。いかに個々人が発奮できるかに注力したほうが、多くの場合効果的に人は育ってくれるもののようである。

複数の部下とどう付き合えばいいか？

ある人から相談を受けた時のことが、今でも印象に残っている。「えこひいきはいけないと思うから、誰に対しても同じように接するように心がけていたのに、八方美人だと陰口をたたかれていることを知ってショックを受けた。もうどうしたらよいか分からない」。私はその時、なんと答えたらよいのか分からなかった。

部下に嫌われる上司の行為としては、えこひいきがトップクラスに挙げられるだろう。同じ業績を挙げても評価してくれない上司だと、その部下は甚《はなは》だしくモチベーションを下げてしまう。また、えこひいきされた部下も、同僚とのそりが合わなくなるのが嫌でありがた迷惑に感じることもある。部下との接し方はぜひ公正であってほしい、と願う人が大半だろう。

他方、業績を挙げた者も低い者も同列に扱われ、待遇も同じだと、「八方美人」のそしりは免れない。部下に嫌われたくない一心で公平に扱おうとしたら、嫌われる代わりにバカにされてしまう。「嫌われるのが怖くて踏み込めないんだな」と。

ひいきにしたら嫌われる。公平に扱えば軽く見られてしまう。じゃあいったいどうしたらいいんだ、と思い悩んでいる人もおられるかもしれない。

解決の糸口になりそうな言葉に、その後私は出会った。「公平な偏愛《へんあい》」という言葉だ。これはNHKのEテレの番組をなんの気なしに見ていた時に、教育学者が口にした言葉だった。子どもが二人以上いる母親はしばしば、子どもが母親を独り占めしようとしてケンカになって困ってしまう。誰かをかわいがれば別の子が駄々をこね、その子をフォローすれば別の子が駄々をこねて、収拾がつかなくなる。それを解決するには「目の前の子を偏愛してください。その時は他のことを一切合切《がっさい》忘れて。そうした偏愛の時間を、どの子にも短くてよいから確保するようにしてください。そうするとどの子も『お母さんは自分のことを見てくれている』と感じ、安定します」。それが「公平な偏愛」だと言う。

私たちは意外と「正面から人に向き合う」ことができない。目の前の人のことより〆切が迫っている仕事のことが気になったり、別の人の視線が気になったり。よそ事がどこか意識にあって、目の前にいる人に正面から向き合うことが案外できないものだ。

どうやら人間はそれを敏感に感じ取るものらしい。何か別ごとを考えながら自分と話しているな、というのはすぐに分かってしまう。すると、「自分の話を聞いてくれていない」と不満に思ってしまう。

ところがどれだけ忙しくても、たとえ短い時間であっても、相手を正面から見据え、相手のことをできるだけ理解しようとする姿勢を見せると、相手は「自分を見ようとしてくれている、理解しようとしてくれている」と感じる。

複数の部下を抱えていても、「公平に接してもらえている」「自分のことをきちんと見てくれている」とどの部下にも感じてもらうには、部下と接する際、目の前の部下のことだけを考え、理解しようとし、その瞬間だけはその他のことを考えないことだ。

全身全霊で相手に向き合うことができれば、言葉はうまくなくても、よい知恵がなくても大丈夫。「自分のことを必死で理解しようとしてくれている、分かろうとしてくれている」と伝わる。それだけで、人はずいぶん勇気づけられるもののようだ。

『韓非子』（外儲説　左下　第三十三）の中に面白いエピソードが紹介されている。孔子の弟子、子皐《しこう》がある男を裁判で足斬りの刑に処した。ある時、孔子に反乱の疑いがあるという噂が立って、孔子とその弟子たちはみんな国外に逃げたのだが、子皐は逃げ遅れてしまった。その時助けてくれたのが、子皐が足斬りの刑に処した男だった。

子皐は「私は裁判でお前に厳しい罰を与えたのに、なぜ助けてくれたのか」と尋ねた。すると男は「私が足斬りになったのはルールだったので仕方ないのです。しかしあなたは私の事情に理解を示して、裁判の中でどうにか私の罪が軽くならないかと悩んでくれているのが分かりました。罪が確定した後も、暗い顔で私にすまないと思っていることがよく分かりました。それがうれしかったからお助けしたのです」。

自分のことを一所懸命にどうにかしようとしてくれる人がいると、人間はとてもうれしいものらしい。そんな人に出会うことは、生きている中でもそんなに多くないからだ。そういう人は大切にしたくなる。全身全霊で向き合ってくれる人というのは、とてもありがたい存在なのだ。

山崎豊子『大地の子』では、残留日本人孤児だった主人公の陸一心《ルーイーシン》を必死になって支える中国人養父が登場する。養父は決して学があるわけでもない。社会的身分があるわけでもない。しかし主人公のためにありとあらゆるものを擲《なげう》ってでも、助けようとする。主人公が心からその養父を尊敬している様子が描かれている。陸一心は、中国人の義父が寄せる無条件の信頼がうれしく、努力を続けて高い技術を誇る人物に育つ。

これは小説だけれども、自分のために全身全霊で動いてくれる人がいると、心からありがたく思うという人間心理がよく描かれている。特に優れた人間でもなんでもなくても、全身全霊で正面から自分と向かい合ってくれるというだけで、なんとかしてその恩に報いたい、と思う心の仕組みが、人間にはあるらしい。

言葉が拙《つたな》くても構わない。「君のことをなんとかしてやれないかと思っているけど、どうしたらいいのか分からなくてもどかしい」という感じが伝わるだけで、相手は「ああ、ありがとう」という気持ちになるものだ。

他方、「あなたのためを思ってやっているんだよ」という恩着せがましい言葉や態度は、嘘くさく感じるものだ。大概、自分の保身なり利害なりを理由にしているのに、恩着せがましく言っていることが伝わり、むしろ拒否感が出る。

人間は非常に敏感に、自分自身だけを見て言ってくれているのか、何か別の理由があって言っているのか、感じ取る能力がある。

「ちょっといいですか」と部下から声をかけられた時、作業の手を止めて話をあなたは聞くだろう。その時、さっきまでの作業を気にかけながら話を聞いているのか、さっきまでなんの仕事をしていたのかも忘れて話に聞き入るのか、で、部下が「話を聞いてもらえている」と感じるかどうかが決まる。

部下の話を聞く時は、なるべく正面から向き合い、他のことを考えないようにしたほうがよい。そうした時間を週に一度でもそれぞれの部下に持てるようにすれば、どの部下も「ちゃんと見てくれている、話を聞いてもらっている」と感じることができるだろう。

ここまで読んでいただければ、他の部下と比較せずとも、それぞれの部下がモチベーション高く仕事と向き合う方法をあなたはもう知ってくれているはずだ。そのための方法を、本書全体を通して示してきたつもりだ。

第5章

困った時の9の対応法

最終章となるここでは、その他一般的なことを指摘しておく。

「頑張るな」といたわられるから頑張れる

「そんなに根を詰めて頑張りすぎると体をこわすよ。ほどほどにして休みなさいよ」と言われた時ほど、もっと頑張りたくなるのはなぜだろう？

それとは逆に「もっと頑張れよ」と言われるとウンザリして、頑張りたくなくなるのはなぜだろう？　人間というのは本当にアマノジャクにできている。

「あんまり頑張りすぎないようにしてください」という言葉には、裏返せば「あなたが頑張っていることはよく承知している」という意味が含まれている。「休んでくださいよ」と伝えれば「あなたは限界近くまでよく頑張っている」と認めていることが伝わる。

この言葉をかけてもらった側は、自分の頑張りをきちんと認めてもらえたというおれしさがあるから、「もっと頑張ろう」という意欲が逆に芽生える。

しかし「もっと頑張れよ」というのは「あなたは頑張っていない」ということを伝え

たことになる。私なりに頑張っているのに、という反発した気持ちが生まれるし、頑張りを認めてもらえなかったことで気持ちがクサクサしてしまい、意欲が失われてしまう。妙な話に聞こえるかもしれないが、頑張ってほしいなら「頑張るな」と言ったほうがよい。

卑近な事例を持ち出して申し訳ないが、これまでの仕事で頑張りすぎて疲れてしまっていた学生がいた。先輩の指導についていくのに必死で自分のペースで仕事ができず、疲れがたまるうちに研究そのものに嫌気がさし始めたようだった。そこで私に指導のバトンが渡された。

私は「1か月研究室に来るな。休め。遊べ」と言って、研究室を立ち入り禁止にした。本当は1か月も失うと研究するうえでとても痛い。しかし疲労困憊《ひろうこんぱい》した気持ちのまま、研究自体に嫌気がさしたままでは、ろくな仕事ができるはずがない。

1か月たって戻ってきた時には、かなり気持ちがリフレッシュできたようだった。少なくとも疲れはしっかり取れたようだった。しかし一つ問題があった。研究への嫌悪感がまだ残っていた。「自分は研究が嫌いになってしまったかも」とその学生は感じているようだった。でもやらなきゃ卒業できないし……本人も困惑している様子だった。

そこで私は二つのことを学生に伝えた。朝、今日何をするのかを自分で考え、私に報告すること。もう一つは夕方5時には途中であっても仕事の手を止めて帰ること。

朝、今日の仕事の予定を持ってきた。指導者である私にまだ遠慮があるのか、5時までにとても終えることができない仕事量が書いてあった。「久しぶりに実験するからどうせこんなにできないよ。これもこれも減らせ。今日はこれとこれだけしっかりやれ」

そんなに少なくていいの？　と逆に学生は不安そう。しかし案の定、久しぶりの作業で意外に手間取り、5時になってもまだ作業中。「はい、今日は終わり。さっさと帰れ」

そんなことを続けていると、研究への嫌悪感がなくなり、逆に「もっとやりたいのにやらせてもらえない」というフラストレーションのほうがたまってきたらしい。

研究に復帰して1か月ほどたった頃、やがて本人から「今日はこれとこれをやります。やらせてください」と言い出した。内容的にとても5時までに終われるとは思えなかった。学生にそう伝えると「今日中にどうしてもこれをやっておきたいので」「そうか、あまり遅くならないようにしろよ」。

夕方5時になって案の定、作業を続けているので「5時だよ。あんまり根詰めずに、早めに終わりなよ」「今日、これだけは全部やってしまいたいんです。もう少しだけやらせてください」「そうか、無理するなよ」。時間をオーバーしたけれども、朝からずっと集中力を切らさずに仕事ができた様子だった。

以後は意欲がしっかり戻ったようで、毎日大変な集中力で仕事をした。濃密な仕事をするようになった。1か月休みを取った遅れも、1か月近い慣らし運転をしたことによる遅れも、全部取り戻す勢いで仕事が進んだ。

自分の考えた内容で、自分のペースで進めていい、となると、人間は仕事を「自分事」として捉えることができるようになり、意欲を持って取り組めるようになるらしい。逆に人の考えた内容で、他人のペースで仕事を進めざるを得ないと、仕事がどうしても「他人事」になり、意欲が減退してゲンナリするものらしい。

部下に意欲的に自発的に頑張ってほしいなら、仕事はなるべく部下自身に組み立ててもらうこと。あるいは自分の考えが反映された仕事だと部下が実感できること。「あまり頑張りすぎるな」と伝えること、が大切なのかもしれない。

〆切の考え方・伝え方

部下と接していくと、お願いする仕事に〆切を設けなければいけない局面が数多く出てくる。そんな時に注意しておいてほしいのは、部下が処理できるような内容、業務量、〆切にすることだ。できもしない高度な内容だったり、とても一日では終わらないような業務量や守れそうにない短い〆切だったりすると、無力感を感じるばかりで、仕事が楽しくなくなってしまう。

現時点での部下の技能、処理能力を見計らって、仕事の内容、業務量、〆切を設定する必要がある。そして必ず、余裕を持たせて指示することが大切だ。ギリギリにしないほうがよい。

ギリギリの〆切だと、気持ちに余裕がなくなり、やはり自己効力感を得にくい。赤ん坊に「まだお前はハイハイしかしないのか！　立て！　立つんだ！」と急かしたとしたら、赤ん坊は立とうとすること自体が嫌いになってしまいかねない。自己効力感を得るには余裕（『いつも「時間がない」あなたに―欠乏の行動経済学』（センディル・ムッライナタン、エルダー・シャフィール著）でいうところのスラック＝余裕のこと。不安、心配、気がかりがない状態。ゆったりとした心理状態）が必要だ。

どのくらいの〆切や業務量を言い渡せばよいか分からない、って？　もしあなたがそう思うなら、ここまで説明してきたことをあなたはまだ実践していないのだろう。一つ一つの業務を習い憶えさせた経緯があれば、あなたは部下の現時点での実力は推し量れるはず。「この前これを教えて、これくらい時間がかかったから、〆切は二割ほど余裕を持たせてこのあたりに設定しよう」という目安が、あなたにも分かるはずだ。

もしそれでも迷いがあるなら、自分だけで決めずに「この仕事、どれくらいでできそう？」と部下に聞いてみよう。「これくらいの〆切ならできるかも……」。部下が自己申告した〆切に少し余裕を持たせて、〆切を設定すればよいだろう。

しかし思い通りに進まないことはよくあること。「途中で〆切がとても守れそうにないと気づいたら、早めに自己申告して」と伝えておこう。

余裕を持たせた〆切だと、〆切ギリギリまで仕事を始めないかもしれない。そういう場合はこう一言添えておく。

「〆切は一応ここなんだけど、少し急いでもらえると実は助かります」すると大概、早めにやってくれる。「助かります」という言葉を聞くと、人間はやってあげなきゃ、という気持ちが芽生えるからだ。そして〆切よりずいぶん早めに仕上げてくれると、こちらも「ありがとう！　助かる！」と感謝の言葉を伝えやすくなる。こうした感謝される経験が積み重なると、早め早めに仕事を進めてくれるようになる。処理速度がどんどん速くなり、仕事の熟練度が上がっていく。

無理のない内容、余裕のある〆切、達成可能な業務量に設定すれば、部下は早めに達成しやすくなる。早めに達成してくれればこちらも「ずいぶん急いでくれてありがとう」と感謝の言葉を述べやすくなる。感謝されると、「次はもっとうまくやってみせよう」という意欲が生まれる。コーチング技術でいうところの「強化」だ。好ましい行動をより強化することが、余裕を持った仕事の与え方で可能になる。

もし、設定した〆切をとても守れないと部下が申し出てきた時は、部下に授けるべき技能や知識をあらかじめ授けていなかったのが原因だと考え、何の技能・知識が不足していたのかを部下と一緒に考えて突き止めておく。そして、次回は、未習得だった技能を習得するところから始めよう。

技能や知識不足からくる場合、早い段階で部下は、どこからどう手をつけたらよいのか途方に暮れて、思考停止状態に陥っているはずだ。その様子を早めに上司として察知する必要がある。部下の現在のレベルが把握できていれば、「ちょっとまだ早いかも」とあなたも気にかかっていたはず。早めに途方に暮れていることに気づいてあげるようにしよう。そしてまだ任せるには早すぎたことを詫び、何の技能が足りないのかを一緒に把握しよう。

これは別に失敗だと思わなくてよい。「やろうとしてみたけどできなかった」という体験があるからこそ、何の技能が足りなかったのか把握しやすくなるからだ。むしろ成長するうえでの課題が明確になったと喜べばよい。

また、設定した〆切を部下が申し出もせずに破った場合は、途中で声をかけ、状況を把握する機会がなかったか、なぜ正直に部下が言えなかったのか、自分が声をかけにくい重い空気を作っていなかったか、どういう態度がそうした空気を作ることになっていたのか、分析し、把握しておく。次からは部下がためらわずに〆切厳守は難しいと自己申告できる方法を見つけておこう。

だが、本当はこの状態にならないよう、極力気をつけてほしい。部下も進退窮《きわ》まってしまうし、顧客にも迷惑をかけてしまうことになりかねない。前述したように、思考停止状態に陥っている部下の様子に早めに気づき、まだ技能が十分に身に付いていないことを把握することが肝要だ。

それでもうっかり、部下がやらかしてしまうかもしれない。そうした場合は「途中で君が困っているのに気づかなかった私の責任だ。正直に打ち明けにくい空気を私が作っていたのかもしれない。もしそうだとしたら、今回の事態に至ったのはやはり私の落度だ。ただ、今度からは早めに私に相談してほしい。無理なことは無理と言ったってそれは恥ずかしいことでもなんでもない。私もちゃんと相談に乗るようにするから」。

お客さんに迷惑をかけていることならお客さんのところに一緒に謝りに行った後、部下と一緒になぜこんなことになったのか、分析してみよう。

部下が思考停止に陥ったとすれば、それは上司であるあなたが部下の成長度合いについて見通しを誤っていたということだ。何が足りなかったのかを把握し、それを身に付けてもらうことを次の課題にしよう。くれぐれも、部下がショックを受けすぎず、意欲を失わないよう言動に注意しよう。

部下の仕事の〆切に余裕を持たせると、当然ながら急ぎの仕事は上司が抱えることになる。つまり部下を育てる間は、上司の負担は確実に大きくなる。上司自身の心にも仕事の量にも余裕を持っておかないとできない。余裕のない中で部下は育てられないのだ。

上司がパンクせずに、ちゃんと部下の仕事の〆切に余裕を持たせるには、やはり「期待しないこと」が大切だ。「早く成長して俺を楽にさせてくれればいいのに」そんな気持ちで部下を眺めていると、成長の遅さばかりが目について腹が立ってくる。昨日から一つも成長していなくて当たり前、自分一人で仕事を処理する羽目になっても仕方がない、と腹をくくっていると、腹が立たない。部下に対し、余裕を持った気持ちで接することができる。

着実に成長しますように、と祈りはするが、早く成長しろよ、とは期待しない。祈りと期待はよく似ているようだが、部下に泰然《たいぜん》と接することができるか、イライラして怒鳴りつけたくなるか、自分の態度に大きな違いが出る。

やる気のある部下でも常時フルパワーを期待するな

「私は上司からやる気のある部下と見られている」という「ペルソナ」に気がつくと、部下は自分からその「ペルソナ」を脱ぐことが難しくなる。そのために、上司から「こいつはやる気があるから」とどんどん仕事を渡されても、もう嫌だと言えなくなる。嫌になってきたのに無理して仕事をこなしていると、疲れてきてしまう。ついには鬱にまでなってしまいかねない。

だから上司としては、相当にやる気のある部下だと思っても、フルパワーで仕事をさせてはいけない。手綱を引き、8割程度の仕事で収めるように加減をしてやる必要がある。「疲れすぎないように、仕事はその辺でやめておけよ」と言えば、逆に「もうちょっと仕事したいんだけどな」という気持ちで終わる。

仕事が楽しい、もっと憶えたいという気持ちのところで抑えるから意欲が長続きする。もっと働いてほしいと内心願ってしまうのをグッとこらえて、部下の働きすぎに手綱を引くことを意識するようにしたほうがよい。そういうやる気のある人物は、8割の時間制限の中で10割の仕事をこなそうとするから、制限をかけるくらいがちょうどよい。

部下を注意する時の基本的な考え方

注意すること、叱ることは非常に難しい問題で、これだけでかなりの分量になりかねない。ここでは、基本的な考え方を示し、後は実践の中で腕を磨いていただきたい。

注意や叱責は、部下の性格を見て慎重に行う必要がある。「叱られ慣れ」している人は必ずしも多くない。注意されることや叱られることが大嫌い、あるいは超苦手な人がいる。そしてこれは対照的な二つの性格に分かれる。

一つは、几帳面で前もってしっかり準備しておくことが大好きで、失敗が大嫌い。だから注意や叱られる事態になると、ものすごく嫌がる。厳しく注意したり叱ったりすると「なんなんだ、あの人？　そこまで言わなくても分かるのに。失敗に気づいた時点で十分反省しているのに、なんでわざわざ追い打ちかけるのかな。無駄に感情を荒立てる効果しかないのに」と憤懣《ふんまん》やるかたない。うっかりすると1か月たっても根に持つ人がいる。

こういう人は、注意や叱るという手法より、ちょっと示唆を与えて本人に気づかせる体《てい》がよい。本人は失敗したとは認めたくない場合が多いので、「いいえ、失敗なんかしてませんよ？　なんのことですか？」としらばっくれている様子を見せても、そんなものだと微笑ましく思って黙っていよう。

もう一つの性格は萎縮するタイプだ。注意したり叱ったりすると過剰に反応し、「すみません！　すみません！　ああ、私ってダメな人間だ……」と必要以上に落ち込み、以後、同じ仕事をやろうとしなくなるほど、怯えやすい人がいる。

この場合も注意しにくい。だから注意の仕方も気をつけなければならない。なるべく温容で、「大したことじゃないんだけど、ちょっと伝えておくね」と、静かに優しく伝える必要がある。恐縮しきる様子を見せようとしても「いやいや、まあまあ、気にしない気にしない」と慰《なぐさ》めるくらいがちょうどよい。このタイプの人は、他人から受容された経験が少なく、心が冷えがち。だから温めてあげる必要がある。

注意ではなく質問で気づかせる

取り返しのつくような失敗、例えば業務の手順を間違えたけれどもやり直せばオーケー、というものは、「注意」で十分だろう。「自分の頭で考え、行動する」部下を育てたいなら、注意の仕方にも工夫がほしい。できれば頭ごなしに「さっきあれほど注意しただろ！　分かってないなあ！」と吐き捨てるような言い方はしないでいただきたい。それではあなたの報復感情を多少は満たしてくれるかもしれないが、その言い方は部下の人格を傷つけ、「自分の頭で考え、行動する部下」に育てるにはなんの役にも立たない。

基本的には、どうすべきかの答えまで含んでいることが多い「注意」より、どうすべきか相手が考えることになる「質問」の形式のほうがよい。

序章で孔明が馬謖に口を酸っぱくして「山上に陣地を築くな」と注意したせいで、馬謖はムキになって山上に陣地を築いてしまったという話を紹介した。もし孔明がこの時、馬謖に「山上に陣地を築いた場合、何か問題があるだろうか？」と質問したとしたら、馬謖はすぐにその問題に気づいただろう。そして「答えを言われる前に自分で気づけた」と思えるから、素直にそのように行動できる。人間は先に答えを言われてしまうと、アマノジャクが働いて逆のことをしたくなる生き物だ。
だからなるべく、

×「そうじゃない！　こうしろって言ったろ！」
○「うん？　それでよかったっけ？」

×「なんでもう少し考えないんだ！　こうしたほうがいいに決まってるだろ！」
○「ほう、君はそうするのか。もっといい方法、ないかなあ。君、気づいたところない？」

と、「注意」ではなく「質問」に転換する形で対応するようにしていただきたい。

深刻なことを伝える場合

安易に考えてもらっては困るような深刻な失敗、問題が出てしまった時は、別室に移動して他に誰も聞いていない場所で話したほうがよい。他の部下の前で恥をかかせる必要はないからだ。

もしみんなの前で「君、大変なことをしてくれたな！」なんて伝えたとしたら、部下はあなたの言葉よりも「なんでみんなの前で話す必要があるんだよ」とみんなの視線のほうが気にかかり、あなたを恨みに思う気持ちが強くなる。あなたにはみんなの前で恥をかかせて分からせようという懲罰《ちょうばつ》的な意識があるのかもしれないが、これは「自分の頭で考え、行動する」部下を育てようという意味ではなんの役にも立たない。

そして失敗がどれだけ深刻であっても、まずは何がどんな風に深刻なのか、部下と一緒に冷静に分析するように努めてほしい。普段から注意ではなく、まずは質問して気づかせる方法を徹底していれば、普段のあなたの雰囲気との違いから、それだけで部下は事態の深刻さを受けとめられるからだ。

だから部下が失敗した際は、自分のためにも「自分も一緒になって謝ろう、一緒になって失敗を取り返す方策を考えよう」という姿勢が必要だ。そうすると、部下は失敗を謝罪すること、失敗を取り返す苦労を上司といとわずに頑張ろう、という気持ちを持てるようになる。

ＢＭＷ東京の社長を務めた現横浜市長の林文子氏は、部下を叱る時はいいところをほめることから始めていたという。

「あなたのここが素晴らしい、でもここが惜しい」

「あなたを見ていると悔しい、本当に悔しいです」

「こんなにいいところがあるのに、これがこんなことになるなんて、本当に悔しいね」

「惜しい」「悔しい」という伝え方は、非常に大切な言い方だと思われる。相手の価値が高いと思えばこそ、それに似つかわしくない結果になったことが「悔しい」と言っているわけだから、本来の価値を非常に高く評価している、ということが伝わる。こうした叱られ方をすると、「そんなに高く評価してくれているのなら、それに見合う成果を出したいな」という気持ちになる。

私も同様に、「お前はこんなものではないはずだ」ということを伝えるようにしている。「こんなものではないはずだ」と思う根拠は、実はなかったりする。しかし「こんなものではないはずだ」と祈る思いでそう言い続けると、「ウソがマコトになる」ことが結構多いのだ。人は信頼を寄せられると、それに応えたくなる生き物だからだろう。叱るという場面は、ある意味、「あなたはこんなものではないはずだ」というメッセージを伝える絶好の機会だと考えるようにするといいだろう。

もちろん、叱った後のフォローも大切。林氏は、叱った後も様子を注意深く見守り、「こないだは思いきって言っちゃったけど、素晴らしいね！」とほめたという。叱らざるを得なかった後こそ、本書で紹介した様々な部下の意欲を引き出す方法を、より一層意識して試していただきたいと思う。

ガツンと叱ったほうがよい場合も、たまにある

部下のほうで、自分はとんでもないことをしでかしてしまった、取り返しのつかないことをしてしまった、どうしてつぐなえばよいのかもさっぱり分からない、という茫然自失とした状態、しかも自分への処罰《しょばつ》感情が強く、それでいてどう自分を罰すればよいのかさえ分からなくなっている場合、叱ってあげたほうが部下の気持ちを軽くすることができる場合がある。

「バカモン！　お前、なんてことしたんだ！」

大声で怒鳴りつけると、部下の中で渦巻いている自分への処罰感情が、一応の落ち着きを見せる。叱られたことで一応の処罰を受けた格好になり、どこかホッとするからだ。

その後、温かみのある態度で「君は今、自分を罰したい気持ちでいっぱいなのかもしれ

ないが、そんなのは後だ。ご迷惑をおかけした人たちにどうお詫びすればよいか、まずそれを一番に、一緒に考えよう。何をするにも、まずは失敗の影響がこれ以上拡大するのを防ぐことが先決。そしてお詫びをすること。その後のことは、後で考える。まずは今なすべきことを考えよう」と伝えよう。

つまり、怒鳴る目的は部下の救済にある。あまりに自分への処罰感情が強く、会社を辞めることになったりなど、不慮《ふりょ》の行動を取らないよう、怒鳴ることで一定の処罰を受けたことにし、前向きな行動を取るきっかけを与えるのが目的だ。

ただ、これは加減が難しい。実際に怒鳴られたことでかえって救われた経験のある人、あるいはその様子を見ていた人など、経験がないと実行が難しい。私はものすごく叱られた経験が豊富なので、どんな時に「叱ってほしい」かがなんとなく分かるが、下手に適用しないほうが無難かもしれない。

だからこそ、叱らざるを得ない状況になる前に、その規模の部下の失敗は事前に予防することが肝要だ。

落ち込んだ部下を励ましたい時

阪神大震災以来、「頑張れ」という言葉は必ずしもポジティブに相手に伝わらない、ということが知られるようになってきた。「頑張れ」という言葉は、相手の心理状態に余裕がない場合、「これだけ頑張っても、まだ頑張れというのか」と、頑張りが足りないと批判されたように受けとめられる恐れがある。

頑張ってほしいことがある時は、「よく頑張ってるね」と言ったほうが効果的。もしかしたらあなたは、「まだ頑張ってもいないのに『頑張ってるね』と言うのはおかしい」と感じるかもしれない。しかし実は、周囲から頑張っていないように見える時は、内心大変な葛藤《かっとう》を抱えていることが多い。心の中は血みどろになるほど苦しんでいたりするのだ。

何をやってもうまくいかず、本人もどうしたらよいのか分からなくて、仕事に嫌気がさしかけている時がある。周囲から見ても仕事がうまくいっていないことがよく分かる場合、変にほめても「ほめるところがないのに無理にほめているな。しらじらしい」と受けとめられて、あまりよい結果にならない。

そういう場合は内面の苦労に着目し、「つらいのによく頑張っているね」と、気持ちに共感を示すと、無理して張り詰めていた心がほどけていく。しばらくすると「分かってくれた。もう少し頑張ってみよう」と勇気が湧いてくる。

相手が何に苦しんでいるのか、見当がつく場合は、「自分にもこういうことがあってね」と体験を話すのもよいだろう。

相手の苦しみに今一つ見当がつかない場合は、「今の君が何を悩んでいるのか分からないから、見当違いの話をするのかもしれないけれど」と言って、同じような精神状態になった時の自分の体験を話すのもよいだろう。

この時気をつけるべきは、「自慢話」にならないようにすることだ。年配者が陥りがちなのは、「俺はこんな困難にぶつかった、しかし意地と根性でそれを克服してきた」という自慢話になってしまって、聞く側を「ああそうですか、ご立派ですね」と辟易《へきえき》させてしまうパターンだ。

自慢話よりは「情けない話」のほうがよい。「いや、情けない話なんだけどね……」

と、恥をあなたにこっそり打ち明けるという体《てい》のほうがよい。

「あの時僕は、一体どうしたらよかったんだろうねえ」と、いまだに答えは見つかっていない、という話し方でも十分。人間は、「正解」を聞かされるよりも共感の持てる話を聞いたほうが、自分の悩みを客観視でき、糸口を探れるもののようだ。

「この人も同じように悩んだんだ。どう克服したかは分からないけれど、こうして過去の話として打ち明けられるくらいだから、乗り越えてきたのだろう。だったら自分も時間さえあれば、なんとか乗り越えられるのかな」と勇気が湧く。

共感するだけで、人は勇気づけられる。


つらすぎて、声をかけられるのも嫌だということが人間にはある。そういう時は、慰めの言葉もうるさがられる。「何があったの？」と根掘り葉掘り聞かれるのも嫌。

そういう場合は、そっとしつつも見守るのがよい。不思議なもので、「元気になってほしいな」という祈りのような気持ちは、どこかで伝わる。距離の取り方としてはドリカムの「サンキュ.」という歌の情景がぴったりかもしれない。

言葉も不必要にかけず、しかし腫物《はれもの》を触るような距離の取り方もせず、元気が出るまで、ただただ隣で一緒に仕事をする。

あれこれ聞かないで一緒の時間を過ごす。それだけでもずいぶん気が楽になるだろう。

部下をじっくり育てている余裕がない場合

もし本当に部下を育てる余裕がないのなら、無理して部下を持たないほうがよい。部下を育てる余裕がないと、あなたにも部下にも不幸だ。

本書を手にした人の中には、「自分の仕事がいっぱいいっぱいで、部下を雇わないと回せないから部下を雇った。しかも売り上げもカツカツだから、部下にはもうすぐにでも戦力になってもらわないと困る」という人もいるだろう。

その場合は、一時避難的にではあるが、部下にどんどん指示を出して働いてもらうことになる。余裕を失った状態で、同時に部下を自律的な人間に育てるということは難しい。

「部署の急場をしのぐために部下に働いてもらう」ことと、「部下を指示待ち人間じゃない人物に育てる」ことを両立させようというのが、そもそも無理筋なのだ。

その間は、指示したことしかできない指示待ち人間になっても、仕方ないと考えるしかない。

だからそういう時は、部下が自律的な人間に育つことはかなり困難だと思って、いったん諦める必要がある。

そういう時、つい会社あるいは部署の苦しい事情を部下に伝え、危機感を共有してもっと働いてもらおうとしてしまう人もいるかもしれない。売り上げが伸びず焦っている経営者が取りがちな対応だ。しかしそれはうまくいかない。「俺はこんなに危機感をもってやっているのに、あいつはやる気がない」「やっぱり、経営者と社員では意識が違う」などと言いたくなってしまうが、それは従業員の立場を理解できていない。

経営者や上司は逃げ道がないから、危機感が頑張る理由になるかもしれない。しかし雇われたばかりの新人は「だったらここから逃げ出したほうが賢明だな」と回避行動を取りかねない。立場が違えば、危機感はインセンティブになるどころかマイナスに働きかねない。

それよりは「助け」を求めよう。「今、業績が悪いんだ」と伝えるのではなく、「これから○か月はうちの部署はすごく忙しくなるから、大変悪いけど、君をじっくり育ててあげることが難しい。すまないが私の指示通り、頼まれたことをこなしていってもらえるだろうか。ここを乗りきったら、君に落ち着いて仕事を教えられるようになるから、それまでは協力してください」と伝えて、部下をアシスタントだと考え、二人で仕事をこなしていこう。まずは売り上げを伸ばし、形勢を立て直そう。

ただし毎日「来たばかりなのにこんなに忙しくさせてごめんね！」と声をかけ、頼んだ業務を一つ終える度に「ありがとう！　助かるよ」と伝え続けることを忘れずに。

そうやって危機を乗り越え、余裕を確保できたら、「自分の頭で考え、行動する」のに必要な指導環境を整えよう。それまではあなたも部下も辛抱するしかない。

どうしても関係がうまくいかない場合

この本で書いたことは、人間が共通して持つ心の仕組みに従って書いたつもりなので、おおよそ当てはまるし、少なくとも私はこれまでうまくいってきた。しかし人間も多様だから、必ずうまくいくとは限らない。

どうしようもない場合がある。それは「感情のこじれ」がある場合だ。部下のほうで上司を見くびり、あるいは憎んでいると、「どうせあの人は」と、何を言ってもバカにするための材料にしかならない。そうした場合、関係を修復しようとしてもなかなかうまくいかない。時間が解決するのを待つしかないが、同じ職場でそんな非生産的な時間を過ごすのは、互いにとってデメリットでしかない。一度関係を解消したほうが互いにとってもよい場合もあるだろう。

性格の不一致が、感情のこじれになることも多い。自分の性格では、どうしても許せないタイプというのは、誰にでもあり得る話だ。そうした不幸な組み合わせの場合は、できるだけビジネスライクに付き合うことで、直接的な衝突《しょうとつ》を避けつつ、ほどよく付き合うしかない。

ただ、感情のこじれは大概「相手はこうあるべきだ」ということを一方的に押し付けることから始まる。第4章で述べたように、「期待する」ことから問題が始まる。「相手はこうあるべきなのに、そうでない」と言って腹を立てる。

人間には多様性があり、違いがあっても互いに尊重し合わなければお互い大変なことになる、という共通認識を持ち合う必要がある。それさえ共有できれば、思想信条が相当に違っても、性格が全然違っても、そうそう衝突するものではない。

「相手のここが気に入らない」ということを片方が言い出すと、それがきっかけで衝突が始まる。それが起きないように、「違いは尊重し合おう」。もう少し現実的な表現をすると、「違いはあるもんだと思って諦めよう」ということをあらかじめ確認できるとよい。自分のやり方と違うことにいちいち目くじらを立てないようにすれば、まともな相手でさえあれば、違いを尊重し合おうという無言のメッセージは伝わる。

感情のこじれは、いったん始まってしまうと修復が難しい。だから、最初が肝心。感情がこじれそうになったら、無理をせずにいったん引き、時間を置くことも知恵の一つ。自分が相手に何かを期待しすぎていないか、相手が逆に自分に何かの形を求めすぎていないか、もう一度反省し、互いに求めすぎない、期待しすぎないようにする必要がある。自分にはこうした接し方しかできない（仕事の量が大量で、あなたに割ける時間は十分とれない、など）と事前に伝え、相手に過剰な期待をさせないようにすることも必要だ。

感情のこじれが決定的なものにならないようにできれば、修復は可能。最初が肝心だ。

部下に適性がない、と感じた時はどうするか？

「才能がない、適性がない」という表現に対し、私はかなり慎重なたちだ。才能がないと思われた人が後で鬼才を発揮するという話はよくある。愚鈍《ぐどん》に見えた人が愚直に努力を重ねた結果、誰もが驚くような成果を出したという話もよくある。私は子どもの頃から魯鈍《ろどん》だと言われて育ってきたので、「才能がない、適性がない」と切り捨てるような発言は、自分が切り捨てられたような気がしてとてもつらい。

数学者で教育者でもあった京都大学名誉教授の森毅《もりつよし》氏は、いくら説明しても理論が理解できず、質問も的外れな数学者がいて「この人大丈夫かいな」と心配したそうなのだが、数年たつとその分野で第一人者となっていて驚いた、という話を紹介している。果たして安直に才能がない、適性がないと言ってよいのかどうか、甚だ心もとない。

ただ、「私にはあなたを導く自信がない」ということはあるかもしれない。私よりももっと素晴らしい指導者に出会えば、適性がないと思われた部下でも大成することが可能になるかもしれない、しかし自分が指導者では当面それは難しい、ということは分かるかもしれない。それなら、「力不足で申し訳ない」と言って、別の道を探ってもらうのも仕方がないと思う。部署を変えるなり、仕事を変えるなり、ということだ。

ただ、通常は採用面接の際に適性をある程度見抜いて採用しているはず。来てもらったら適性がなかった、というのは、まず自分の人を見る目を疑わなければならない。だからこそ、「才能がない、適性がない」などといった考えに安易に飛びつかないでいただきたい。

私自身、年を食ってから「ああ、今の自分なら指導できるんだがなあ」と思うことが多々ある。当時の自分は未熟だったから仕方ないが、今の自分ならいろいろ手段を講じることができたろう、と思い起こす案件がいくつもある。そう思うと、安直に相手のことを「適性がない」とは決めつけられない。自分の指導力の問題かもしれないのだ。

とはいえ、適性というのは確かにある。もし私が数学や物理の分野で成果を出せと言われたら、お断りする。音楽で業績を挙げろ、と言われても「ごめんなさい」と謝るしかない。その手の分野に興味がなかったり、努力してマスターしようという気がさらさら起きないようなら、適性はない。

しかし、どうしたわけか下手なのにその分野が好きでたまらず、勉強もやめる気にならない場合はなんらかの形で「適性がある」可能性がある。すぐに花開くことはないけれども、どこかで花開く可能性がある。

ただ、当座の飯の種を得るための「仕事」とするには、今の実力があまりに不足しすぎている、ということはある。その場合、当面は仕事として取り組むのを諦めてもらうしかない。

ただ、数学や音楽、芸術のように特殊な能力が求められるものはともかく、比較的多くの人が業務として取り組んでいる、ごく一般的な仕事は、本人にやる気と基本的な能力さえあるならどうにかなるものだ。しかも本人のやる気は、かなりの程度上司が引き出すことができる。そのための方法はすでに書いたので繰り返しはしない。ただ、取り組む「角度」が本人に適したものである必要がある。

例えば、私は実験テクニックがかなり下手なほうだ。下手だから、研究テーマをできるだけ大胆に設計し、他の誰も取り組まないような分野に挑戦することで、実験テクニックの乏しさをごまかせるようにしている。これをもし、実験手技《しゅぎ》の巧みさで戦おうとしていたら、私はうだつが上がらなかったろう。

自分の適性、強みをうまく活かすことが必要だ。器用な人は器用さを活かすべきだし、不器用ならば、不器用でもできる方法を考えたほうがよい。適性は、違う角度から攻めると話が違ってくる。上司としては、部下の適性をよく見極め、本人とよく相談して、攻め口をいろいろ変えて試してみることが必要だろう。

営業なのにトークが下手なら、誠実さを前面に出す。お客さんのためになることを必死になって考え、仕事に直接役に立たなくてもお客さんに喜んでもらえるように、など、トークとは別次元のアプローチで勝負すべきだろう。

技術職なのに不器用なら、不器用でも作れるデザインの簡略化で勝負するのもよい。人付き合いが苦手なら、情報を徹底して収集分析して戦略を練るやり方。様々な角度がある。

金槌で木を切ろうとしてはいけない。ノコギリでクギを打とうとしてはいけない。それぞれの適性に応じた働き方がある。それを一緒に見つける作業を手伝うのも、上司の仕事のうちだ。

常に成長し続けることのできるコツ

創意工夫のできる人間は一握りだと考えている人は多い。しかしそう決めつけてしまうと、「自分の頭で考えて行動できる」部下を育てることはできない。創意工夫のできる人間に育てることは、多くの場合、可能だ。そのコツは、すでに本書でも何度か取り上げている「仮説的思考」だ。

アップルで立て続けにパソコンやスマホなどを成功させたスティーブ・ジョブズの話題になると、世の中には一握りの天才がいて、凡人は天才に決して近づくことはできない、という話になりがちだ。だから凡人を創意工夫のできる人間に育てるなんて、できっこない無謀《むぼう》な話なのだ、と諦めてしまう人も多いようだ。

ジョブズの育て方は私も知らないが、程度の差はあれ、創意工夫のできる人間を育てることは可能だ。ジョブズを育てることができないからって、創意工夫のできる人間の育て方をすべて諦める必要はない。

創意工夫を凡人でもできるようにするにはどうしたらよいか。「仮説的思考」がそのコツの一つだ。

これまでのことを実践してきて、『「仮説」のことがまだよく分からない、実践できない」という方に向けて、一つたとえ話をしよう。

中学生の男の子に、好きな女の子ができた。なんとか話をしてみたい。女の子の様子を観察していると、どうやら動物が好きみたいで、動物の話題になると友達と盛り上がっている様子。

そこで、「動物の話を振ると、会話が弾むかもしれない」と「仮説」を立ててみる。「こないだ、動物園に行ったら変わった動物がいてね」。女の子が「へえ、どんなの?」と話に乗ってきてくれた。

話が弾んで、家にいる猫の話をしてみた。そしたら、途端に女の子の顔が曇った。どうやら猫だけは苦手らしい。

「猫は化け猫の怪談でも聞かされて、嫌いなのではないか」と「仮説」を立ててみる。

以後、女の子がどんな話題が好きで、どんなことが嫌いなのか、「仮説」をいくつも立てて、女の子との接し方を学んでいく。仮説をたくさん立てることで、女の子のパーソナリティーも見えてくる。

そう、「仮説的思考」というのは、どう接したらよいか分からない物事に対し、とりあえず「こうではないか」と仮説を立ててみて、その仮説に従って行動してみることだ。そしてもし仮説通りにならなかったら、仮説が間違っていた（実は動物は嫌いだった）のか、それとも新たに別の仮説（動物は好きだけど猫だけはダメだった）を立てたらよいのか、を考える。そうして、未知のものとの接し方、対し方を学んでいく方法だ。

つまり、「仮説的思考」は、人間が無意識のうちにやっていることなのだ。ただ、無意識のままと、意識的に実践するのとでは結果がずいぶん違ってしまう。

創意工夫ができない人とは、世界のどこかに「正解」なるものがあって、それを自分は知らない、知り得ないのだと諦めてしまっている人のことだ。しかし世の中のことは、正解がないことがほとんどだ。なのに「自分ではない他の誰かが、正解を知っている。だけど自分は正解を知り得ない」と諦めてしまう。これは残念なことだ。こうした人は、仮説を立てることをやめてしまっている。だから未知のものとの接し方が分からなくなってしまう。

「仮説的思考」の大変優れているところは、「知らない」ことを、時間はかかっても

「知っている」に変えることができることだ。

例えば、「お客さんでいっぱいの喫茶店をやってみたい」と夢を持ったとする。しかしどうしたらそんな喫茶店になるのか、分からないことだらけだ。そこで「流行っている喫茶店をたくさん見れば、コツがつかめるのではないか」と仮説を立ててみる。そして喫茶店を回るうち、おじいちゃんばかりのお店や、若者ばかりのお店があることに気がつく。そこで「お店の内装によって客の年齢層が決まるのではないか」と仮説を立て、若い人がたくさん来る店の内装はどんなものかを観察し、自分の仮説を検証する。

こうしたことを繰り返すと、観察眼が磨かれ、仮説の立て方が次第にシャープになり、実現可能性がどんどん増してくる。仮説が間違っていたことに気がついてもそれで終わりではなく、反省の上に立った新たな仮説を立てることができるようになる。

手順をまとめると、観察 → 推論 → 仮説 → 検証 → 考察の5段階になる。実はこれ、科学の方法論そのものだ。気になる現象を観察し、何が起きているのかを推測し、「こうではないか」と仮説を立て、仮説が正しいかどうかを検証してみる。結果について考えてみて、新たに観察を始める。この繰り返しだ。

こう言うとなんだか難しそうだが、人間が物事を学ぶうえで、ごく自然にやっている学び方だ。小学校に入学すると、それ以降は「正解」をいかにたくさん憶えるか、という訓練をさせられるから、いつのまにか仮説的思考を忘れてしまっている。しかし未知のことを既知に変える仮説的思考は、小学校に入る前には人間が本能的に持っている力だ。乳幼児はごく自然に仮説的思考をし、「未知」を「既知《きち》」に変えていくのだ。

それをもっと意識的にやってみると、未知のことに取り組める人間になる。未知に取り組めるということは、創意工夫ができる人間だということだ。未知との付き合い方が分かっているのだから。小学校に入るまではごく自然にやっていた「仮説的思考」を意識的に実践するようにできれば、誰でも創意工夫のできる人間になれる。

「仮説的思考」をいかに部下に身に付けてもらうか、上司であるあなたがやはり「仮説」を立てて取り組み続ければ、きっと部下も創意工夫のできる人間に育つことだろう。

うまくいかないことがあった時というのは、もうダメだというサインではない。やり方を変えろというメッセージだと考えたほうがよい。

このことに気づけた人は、常に成長し続けることができるように思う。

その際、本書に書いた様々な方法も、科学の5段階法で検証し、しゃぶり尽くしていただければ、筆者としてうれしい限りだ。

あとがき

私も四十代半ばとなり、同級生でも部下を持つ立場になった人間が増えてきた。似たような年頃の人たちと酒を酌み交わすと、「自分の頭で考えない、動こうとしない」部下が多いと嘆く人の声を聞く機会も増えた。私はそうした話を聞くと、まるで自分のことを批判されているかのように聞いてしまう。私自身、相当に物分かりの悪い人間だからだ。

何がどう間違ってしまったのか、偉そうにも上司論を書くという奇妙な話になったが、私が理想的な上司かというと、とんでもない。もし私のことを書いている本だと思われたとしたら、大きな勘違いだと言わねばならない。

ただ、私はこれまで上司に恵まれてきたことは確かだ。私は何かと圭角《けいかく》の多い人間だが、そんな人間でも受け入れ、やる気を引き出してくれる上司に恵まれた。本書は、私を導いてくれた人たちの姿を思い浮かべながら書いたものと考えていただいて差し支えない。

私は上司に恵まれたおかげで、菲才にもかかわらず多少は仕事ができるようになった。私がそこそこ仕事をできるなら、大半の人類は私以上の才能を発揮できると思われる。

私は、人間というものをさほど強いものと思っていない。環境で恵まれずに能力で突破していけるという人間は、滅多にいない。サボテンは熱帯雨林で育たず、マングローブは砂漠で育たないように、環境に恵まれない種子はなかなか育たない。

部下の才能を引き出そうという意識の上司が増えれば、自分の人生を切り拓ける人がその数倍増えることになる。上司は人の上に立つ以上、その責任と影響力は大きい。

本書は上司向けの本としてまとめたが、本来私の関心は、子育てにある。私のもとに来てくれるスタッフや学生さんとの接し方も、子育てとの共通点を考えながら見出してきたという面がある。だから教育にからめてなら筆も進むのだが、正直、大組織を率いた経験があるわけでもない私が「上司」を語るというのは、荷の重い仕事であった。

編集を担当してくれた編集集団 WawW！Publishing の乙丸さんと文響社の谷さんの励ましがなければ、とてもやり通すことはできなかったろう。

執筆を通じて、子育ても上司論も、はたまたペットのしつけも、どれもこれも共通点が多いと痛感するようになった。もちろん大人を相手にする上司と、子どもを相手にする教育論、動物を相手にするペット論では違いもいろいろある。しかし、モチベーションを醸成する、自主性を引き出すといった点は、「生物」に共通するものなのだと思う。

上司論を書くのは正直気が重い話だったが、それでも書いてみようと思えたのは、私を辛抱強く導いてくれた上司のみなさんへの感謝の気持ち、私を導いてくれた両親やその周辺の大人たち、学校時代の先生たちへの感謝の気持ちを表したかったからでもある。そして感謝することができるという幸福を、できるだけ多くの人に味わってほしいという思いを持つからでもある。

私は親戚の中でも、最も才能がないと自他ともに認める凡庸な人間だった。それでもなんとかなってきたのは、多くの人たちの導きがあってこそ。だから、「才能のない奴は何をやっても才能がないんだ」「指示待ち人間はそもそも自分の頭で考える能力に欠落しているんだ」という話を聞くと、自分のことを悪く言われているような気がして身につまされる。私には導いてくれる人たちがいたが、かつての私のように、悲しい思いに沈んでいる人が、これらの言葉の陰に見え隠れするような気がしてならない。

どうか、この本を手に取った方の下についた方が、私のように上司に恵まれたと感謝する境遇となりますように。上司のおかげでよい仕事ができたと感謝することができますように。そしてどうか、私もそんな上司になれますように。そう祈らずにいられない。

私には、意欲を持たざるを得なくなったきっかけが二つある。家族が経済的に大変な時に大ガラスを割ったのだ。家には千円しかなかったのに八万円も弁償することになり、母が泣き崩れた。その時父に諭され、母へのお詫びに勉強し始めた。それまで勉強したことがなかったので、成績が少し上がり始めた。

決定的に意欲を持つに至ったきっかけは、友人の言葉だった。学年でトップクラスだった友人は、家庭の事情で工業高校に進学後、すぐに働くことになった。その友人がなぜか私に「俺の分まで勉強してくれ」と言った。私は成績が上がり始めたといっても足元にも及ばないレベル。進学希望の公立高校はトップ校ではなく、それでも担任からランクを下げろとしつこく説得される始末。しかし友人の悔しさを思うと、逃げるわけにいかなかった。それからは必死だった。

私のように菲才でも意欲を持つきっかけがあれば信じられないほど伸びる。意欲は環境で育まれるが、たった一言の言葉で意欲がかき立てられることがある。もしそんな言葉に出会えたら、才能素質を凌駕《りょうが》するほどの努力を発揮できるのだと信じている。

本書は、3歳と0歳の二人の乳幼児を子育てしながら書き上げた。その間、子育ての負担は嫁さんにしわ寄せになったことも告白しなければならない。

しかし、本書が成立するに当たって、嫁さんと子育ての悩みを共有し、どう子どもたちに接すればよいか、ということから得られたことが大変多い。3歳の子どもが持っている心の仕組みは、大人にそのまま残っている。だとすれば、本心をごまかす能力を高めてしまった大人であっても、乳幼児と同じ傷つきやすい心を持っていると痛感するようになった。なにせ、四十代半ばの私でさえ、3歳児と大して変わらない心があることを認めざるを得ないのだから。

乳幼児は「やりたくないことは絶対やらない」という意味では、いろいろな打算が働くようになった大人よりも、モチベーションの引き出し方を工夫するうえで、格好の「実験対象」だ。3歳児を動かせるなら、打算も働く大人は、もっとモチベーションを引き出しやすい。子育て経験は、人間の理解を深めるうえで非常に役立つもののように思う。

日本では、女性が結婚し、子どもができると仕事から離れ、子育てが一段落して仕事に復帰しようとしても、パートくらいしか仕事がないことが多い。だが、子育てで奮闘した経験は、上司として部下をどう導くかということと直結している。日本は、人材の活用の仕方を相当誤っている社会かもしれない。

そのような考えを持つに至ったのは、嫁さんのおかげであることは言を俟《ま》たない。正直、結婚するまでは男尊女卑の考えが私の中に根強くあった。子どもが小さいこともあり、仕事をやめて専業主婦状態にある嫁さんの現状を考えると、まだ男尊女卑の考えが私から抜けきっていないとは思うが、それでも「女性のこの才能を活かさないなんて、なんともったいない」と思えたのは、嫁さんのおかげである。

私の至らないところを許し、私の意欲をかき立ててくれる嫁さんの言葉は、上司の言葉として受け取っても感心することしきり。そういう意味では、本書は嫁さんならどう対処するだろう？　という想定で書いたものとも言えるかもしれない。

本書は、私以外の誰かのいいとこ取りを集めたものだと解してもらっても構わない。いいとこ取りができる出会いが私にあったことを、心から感謝したい。

そしていいとこ取りの連鎖が、読者のみなさん、そしてその周囲の人々にも続いていきますように。

篠原信

篠原信（しのはら　まこと）

国立研究開発法人農業・食品産業技術総合研究機構上級研究員。有機質肥料活用型養液栽培研究会会長。京都大学農学部卒。農学博士。
高校を卒業後、２年がかりで京都大学に合格。大学生時代から10年間学習塾を主宰。約100人の生徒を育てた。本業では、水耕栽培（養液栽培）では不可能とされていた有機質肥料の使用を可能にする栽培技術を研究、開発。これに派生して、やはりそれまで不可能だった有機物由来の無機肥料製造技術や、土壌を人工的に創出する技術を開発。世界でも例を見ない技術であることから、「2012年農林水産研究成果10大トピックス」に選出された。

自分の頭で考えて動く部下の育て方

上司１年生の教科書

２０１６年１１月２２日　第１刷発行

ブックデザイン	小口翔平＋三森健太（tobufune）
カバーイラスト	樋口実季
編集協力	編集集団 WawW！Publishing（乙丸益伸）
編集	谷綾子
発行者	山本周嗣
発行所	株式会社文響社
	〒105-0001　東京都港区虎ノ門1-11-1
	ホームページ　http://bunkyosha.com
	お問い合わせ　info@bunkyosha.com
印刷	日本ハイコム株式会社
製本	大口製本印刷株式会社

ISBN コード：978-4-905073-61-1 Printed in Japan
この本に関するご意見・ご感想をお寄せいただく場合は、郵送またはメール（info@bunkyosha.com）にてお送りください。